Contos desta e doutra vida

FRANCISCO CÂNDIDO XAVIER

Contos desta e doutra vida

Pelo Espírito
Irmão X

FEB

Copyright © 1964 *by*
FEDERAÇÃO ESPÍRITA BRASILEIRA – FEB

14ª edição – Impressão pequenas tiragens – 10/2024

ISBN 978-85-7328-807-0

Todos os direitos reservados. Nenhuma parte desta publicação pode ser reproduzida, armazenada ou transmitida, total ou parcialmente, por quaisquer métodos ou processos, sem autorização do detentor do *copyright*.

FEDERAÇÃO ESPÍRITA BRASILEIRA – FEB
SGAN 603 – Conjunto F – Avenida L2 Norte
70830-106 – Brasília (DF) – Brasil
www.febeditora.com.br
editorial@febnet.org.br
+55 61 2101 6161

Pedidos de livros à FEB
Comercial
Tel.: (61) 2101 6161 – comercial@febnet.org.br

Adquirindo esta obra, você está colaborando com as ações de assistência e promoção social da FEB e com o Movimento Espírita na divulgação do Evangelho de Jesus à luz do Espiritismo.

Dados Internacionais de Catalogação na Publicação (CIP)
(Federação Espírita Brasileira – Biblioteca de Obras Raras)

I69c   Irmão X (Espírito)

Contos desta e doutra vida / pelo Espírito Irmão X; [psicografado por] Francisco Cândido Xavier. – 14. ed. – Impressão pequenas tiragens – Brasília: FEB, 2024.

184 p.; 21 cm – (Coleção Humberto de Campos / Irmão X)

Inclui índice geral

ISBN 978-85-7328-807-0

1. Conto espírita. 2. Espiritismo. 3. Obras psicografadas. I. Xavier, Francisco Cândido, 1910–2002. II. Federação Espírita Brasileira. III. Título. IV. Coleção.

CDD 133.93
CDU 133.7
CDE 80.01.00

Sumário

De início......7
1 – Mediunidade......9
2 – Fábula simples......13
3 – O ferreiro intransigente......17
4 – Aprendizes e adversários......21
5 – O anjo cinzento......25
6 – Telefonema inesperado......29
7 – Servir mais......33
8 – Macário Fagundes......37
9 – Exame de virtude......41
10 – Em nome de Jesus......45
11 – Apuros de um morto......49
12 – Verdugo e vítima......53
13 – A única dádiva......57
14 – A resposta do benfeitor......61
15 – Posições......65

16 – A lição maior..67
17 – Festas..71
18 – Diário de um médium..75
19 – A casca de banana...81
20 – T.B.C..85
21 – Religiões irmanadas...89
22 – Pureza em branco...93
23 – Eles viverão..97
24 – O anjo, o santo e o pecador............................101
25 – Surpresa...105
26 – O segredo da juventude..................................109
27 – Na vinha do Senhor..113
28 – Exame de fé...117
29 – O escriba incrédulo...121
30 – Candidato à redenção.....................................125
31 – A campanha da paz..129
32 – Um desastre...135
33 – Notícia de Jonas...139
34 – O mancebo rico..143
35 – Talidomida...147
36 – Carta singular...151
37 – Médiuns espíritas..155
38 – Decisão nas trevas..161
39 – Álbum materno..165
40 – O grupo perfeito...171
Índice geral...175

De início

Devotado amigo espiritual costuma dizer-nos que há livros-revelações, livros-tesouros, livros-bálsamos, livros-refeições, livros-venenos, livros-bombas.

Propomo-nos definir este volume como prato inofensivo — lanche mental leve e simples —, aspirando a ser útil aos viajores da Terra, seja na travessia de pequenas dificuldades ou na indagação construtiva para a escolha de rumos. Ao alinhavar-lhe as páginas, no texto das quais reunimos, despretensiosamente, algumas sugestões e lições do cotidiano, não tivemos a menor preocupação de artesanato e nem qualquer intento de impressionar pelo manejo de citas e cinzéis.

Aqui, neste punhado de crônicas humildes, encontrará o leitor amigo apenas o desejo de aprender com todos, na permuta de ideias e sentimentos que nos restaurem as energias da alma, em ágape ligeiro, sem mergulhar, de modo profundo, nas realidades da vida.

Em nos referindo a repasto breve nos valores do espírito, sem maior imersão no conhecimento superior, dir-se-á talvez que ignoramos o engano de Esaú,[1] trocando com Jacó os direitos da primogenitura por uma tigela de lentilhas, atitude estouvada num caçador

---

[1] N.E.: personagem bíblico. Filho de Isaque e Rebeca, irmão gêmeo de Jacó.

exímio qual o neto de Abraão,[2] perfeitamente capaz de esperar pelos quitutes de Rebeca.

Cabe-nos declarar, formalmente, que não desconsideramos, de maneira alguma, a necessidade do estudo e da meditação, diante dos problemas do Universo, que nos compelem ao trato dos livros-luzes, nós, porém, os homens desencarnados — companheiros e devedores da multidão terrestre, atormentada pela fome de paz e esclarecimento —, não podemos olvidar que Jesus, ante o povo exausto e doente, ensinou a verdade mas multiplicou também o pão.

Uberaba (MG), 20 de janeiro de 1964.

IRMÃO X

---

[2] N.E.: patriarca hebreu, que teria vivido os 1900 a.C. Detentor de invulgar percepção mediúnica e dotado de expressivas qualidades morais, conduziu sua vida terrena sempre sob a orientação de Espíritos nobres, com quem informalmente dialogava, julgando, segundo a cultura da época, tratar-se do próprio Deus.

~ 1 ~
Mediunidade

No limiar do sono, Adelino Saraiva inquiria em prece:

Senhor, por que motivo tanta indiferença dos homens, perante a mediunidade? Prodígios aparecem, maravilhas se fazem. A sobrevivência, para lá da morte, é matéria provada. Há mais de um século, Senhor, medianeiros inúmeros hão nascido entre os homens, entregando às nações constantes mensagens da vida eterna. Por que razão a distância entre a fé e a ciência? Não seria justo obrigar o poder humano a render-se? Por que adiar a padronização da energia mediúnica, através da qual os desencarnados se exprimem, de maneira inequívoca, compelindo os povos areconhecerem a vida, além? Sob o crivo de mentes múltiplas, a mediunidade parece combater a si própria... Entretanto, Senhor, se controlada pela administração terrestre, indiscutivelmente proporcionará demonstrações matemáticas, afirmando-se em certezas irremovíveis, qual acontece à radiofonia e à televisão.

Saraiva entrou em sonho e, como se fosse arrebatado de improviso, reconheceu-se em cidade enorme. Ele, médium abnegado, continuava médium; contudo, fato estranho, via-se num carro faustoso, escoltado por assessores atentos. Sentia-se nimbado de importância pessoal, mas constrangido por fiscalização rigorosa.

Depois de longo trajeto por ruas e praças, em que lhe era dado observar o temor e a veneração que os circunstantes lhe tributavam, atingiu palácio soberbo, onde outros médiuns o esperavam.

Reparou que ele e os demais trajavam roupa a caráter, conforme o grau de autoridade que lhes era atribuído. Túnicas douradas, faixas róseas, auréolas de prata, símbolos, anéis, amuletos...

Ante as ordens de um chefe, acomodaram-se em poltronas para a recepção da palavra nascida nos planos superiores. Surpreendido, porém, notou que ali, naquele monumento de governança onde a mediunidade era absolutamente reverenciada e reconhecida, a mensagem dos instrutores desencarnados não encontrava curso livre.

As lições e apelos da esfera sublime sofriam podas e enxertos, segundo as conveniências dos maiorais.

Espíritos generosos e amigos deviam ceder lugar a vampiros astuciosos que inspiravam projetos de exploração e influência.

Conservava-se o nome de Deus e a custódia do Evangelho nas legendas da luzida reunião; contudo, à socapa, os diretores do conclave, não obstante aparente respeito aos dons medianímicos, torciam as revelações na pauta dos interesses políticos.

Finança e prestígio social, luxo e dominação surgiam na ponta. Ninguém queria saber de Justiça divina e fraternidade humana.

Que a Humanidade ficasse onde estava, que o povo era besta de carga, desde o princípio do mundo. Progredisse quem quisesse. Nada de auxílio espontâneo. Só o grupo prepotente devia mandar.

Conversava-se, em nome de Jesus, mas não faltava ali mesmo quem se referisse ao suposto fracasso do Mestre. Nem o Cristo havia escapado à condenação. Que companheiro algum fosse tão tolo a ponto de provocar o levantamento de novas cruzes. Que o mundo espiritual existia, era assunto pacífico; no entanto, que ninguém se despreocupasse do bolso cheio e da mesa farta, na própria Terra, ainda que isso custasse suor e sangue dos semelhantes.

Ergueu-se Adelino, corajoso, e protestou veemente. Esclareceu que a mediunidade é instrumento do Senhor para alívio e instrução de todas as criaturas. Não devia sofrer restrições ou converter-se em agente de sindicatos das trevas, à maneira dessa ou daquela preciosa força da Natureza, jugulada pelos empresários do crime e pelos fazedores da morte...

Saraiva gritou, agitou-se, explicou e indignou-se, mas, por resposta, foi atado de pés e mãos e, em seguida, lançado ao silêncio do cárcere.

Debatia-se, apavorado, na laje fria, cercado de aranhas e escorpiões, quando acordou, no leito, suarento e desfigurado, verificando que a experiência não passara de pesadelo...

Saraiva sentou-se e refletiu maduramente.

Logo após, colocando-se em prece para agradecer a lição recebida, viu Rogério, o amigo espiritual, que o assistia nas tarefas comuns, a dizer-lhe, bem-humorado:

— Compreendeu meu filho? Vocês consideram estranha a atitude do plano superior, deixando a mediunidade ao alcance de todos, muitas vezes submetida aos caprichos de cada um, embora com a luz da Doutrina Espírita a plasmar-lhe roteiro; contudo, enquanto os governantes do mundo não se edificarem nos merecimentos do espírito, se não quisermos ser dinamite no carro da perturbação e da violência, é necessário sofrer o desprezo dos poderosos e continuar assim mesmo.

~ 2 ~
Fábula simples

Quando o diamante já talhado se abeirou da pedra preciosa, saída de serro áspero, clamou, irritadiço:
— Que coisa informe! rugosidades por todos os lados!... que farei de semelhante aborto da Natureza?
E roçou, com superioridade, sobre a pedra bruta.
A pobrezinha, mal saída do solo em que dormira por milênios, sentindo-se melindrada, tentou reclamar; entretanto, ao observar o clivador, cheio de esperança na utilidade que ela podia oferecer, calou-se.
Findo o dia, o operário recebeu o salário que lhe competia e contemplou-a, tomado de gratidão.
A pedra, intimamente compensada, esperou.
No dia seguinte, veio o martelo cônico e, desapiedado, riu-se dela, exclamando:
— Nariz de rochedo, quem teria o mau gosto de aperfeiçoar-te? Por que a infelicidade de entrar em comunhão contigo, seixo maldito?

O cristal sofredor ia revidar, mas vendo que o trabalhador, que mobilizaria a maça contra ele, o mirava com enternecimento, preferiu silenciar, entregando-se paciente à nova operação de lapidagem.

Sabendo, em seguida, que o operário obtinha, feliz, substanciosa paga, reconheceu-se igualmente enriquecido.

Mais tarde, apareceu o pó de diamante, que gritou, irônico:

— Por que a humilhação de trabalhar essa pedra amarelada e baça? Quem teria descoberto esse calhau feio e desvalioso?

A pedra ia responder, protestando; contudo, reparou que o lapidário a fixava com respeito, denotando entender-lhe a nobreza interior, e, em homenagem àquele silencioso admirador de sua beleza, emudeceu e deixou-se torturar.

Quando o lapidador recolheu o pagamento que lhe cabia, deu-se ela por bem remunerada.

Logo após chegou a mó de polir, que falou, mordaz:

— Esta velha cristalização de carbono é indigna de qualquer tratamento... Que poderá resultar dela? Por que perder tempo com este aleijão da mina?

A pedra propunha-se aclarar a situação; contudo, notando a jubilosa expectativa do artífice, que lhe identificara a grandeza, aquietou-se, obediente, e suportou com calma todos os insultos que lhe foram desferidos sobre as faces, até que o próprio polidor a acariciou, venturosamente.

Sem perceber-lhe o valor, o diamante talhado, o martelo, o pó de diamante e a mó viram-na sair, colada ao coração do operário, em triunfo, permanecendo espantados e ignorantes, na sombra da suja caverna de lapidação em que a presença deles tinha razão de ser.

Passados alguns dias, a pedra convertida em soberbo brilhante foi engastada no cetro do governador do seu país natal, passando a viver, querida e abençoada, sob a veneração de todos.

Se encontraste no mundo criaturas que se fizeram diamante descaridoso, martelo impiedoso, pó irônico ou mó sarcástica sobre o teu coração, suporta-as com paciência, por amor daqueles que caminham contigo, e espera, sem desânimo, porque, um dia, transformada a tua alma em celeste clarão, virás à furna terrestre agradecer-lhes as exigências e os infortúnios com que te alçaram à glória dos cimos!...

~ 3 ~
O ferreiro intransigente

Comentávamos o problema da compaixão, quando se abeirou de nós, antigo orientador e narrou, bem-humorado:

— Conheci um caso interessante na Idade Média. Em pequenina aldeia do Velho Mundo que os séculos já transformaram, jovem ferreiro apaixonou-se pelo rigor da justiça. Integrando certa facção política, considerava todas as pessoas que lhe não esposassem os pontos de vista por inimigos a combater. Atrabiliário e sectarista, imaginava os mais difíceis processos de perseguição aos adversários. A tolerância representava para ele grave delito. Se alguém não rezasse por sua cartilha, ficava assinalado a ponto escuro. Disposto a contendas, embora a posição humilde que desfrutava, sabia complicar a situação dos desafetos, urdindo intrigas e ciladas contra eles. Assim é que, certa feita, procurou o juiz que regia a comuna com benevolência e equidade e propôs-lhe a reconstrução do cárcere. A enxovia desmoronava-se. Qualquer malfeitor provocava facilmente a evasão. As grades frágeis cediam ao assalto de qualquer um. Impossível o trabalho da detenção. Era necessário sustar o insulto à polícia. Oferecia-se, desse modo, para sanar o problema. Daria novo aspecto ao cubículo. Prisão que fosse prisão.

O magistrado, velho experiente e bondoso, observou:

— Meu filho, a justiça deve ser exercida com amor para que se não converta em crueldade, porque lá vem um dia em que precisamos ser justiçados por nossa vez.

O moço, porém, insistiu. A cadeia menosprezada não merecia respeito.

Tanto reclamou que atingiu o objetivo a que se propunha.

Recebendo a concessão para reformar o cárcere, esmerou-se quanto pôde. Deu nova feição às grades. Criou um sistema de cadeados, pelo qual era impossível a escapatória. E no centro do acanhado recinto levantou pesada coluna de ferro, com algemas laboriosamente trabalhadas impedindo a movimentação de quem fosse jungido a semelhante pelourinho.

A ideia foi bem-sucedida. O serviço revelou-se tão eficiente que o jovem artífice foi procurado por autoridades de outros recantos e larga prosperidade abriu-lhe as portas. A novidade ofereceu-lhe fama e fortuna.

Durante vinte anos, coadjuvado por operários diversos, o nosso ambicioso amigo fabricou prisões para numerosas cidades do seu tempo. Senhor de vasto patrimônio material, transferiu residência do vilarejo provinciano para grande metrópole e, certa noite, supondo defender-se, cometeu leve falta que inimigos gratuitos se incumbiram de solenizar.

O antigo ferreiro foi preso, de imediato. Internado, mentalizou a ajuda de companheiros que o auxiliassem na fuga, mas, assombrado, reconheceu, pela marca dos ferros, que fora trancafiado num cárcere de sua própria fabricação, sofrendo rigorosa pena que, começando por acabrunhá-lo, acabou por infligir-lhe a morte.

Terminada a história rápida, fixou-nos de maneira expressiva e rematou:

— Somente a compaixão pode salvar-nos, soerguendo-nos do abismo de nossas próprias faltas. Qualquer punição extremada que receitarmos para os outros será como a prisão do ferreiro intransigente. Os laços que armarmos contra o próximo serão inevitável flagelo para nós mesmos.

Logo após, sem dar-nos tempo para qualquer indagação, sorriu com serenidade e seguiu adiante.

~ 4 ~
Aprendizes e adversários

Jonathan, Jessé e Eliakim, funcionários do Templo de Jerusalém, passando por Cafarnaum, procuraram Jesus no singelo domicílio de Simão Pedro.

Recebidos pelo Senhor, entregaram-se, de imediato, à conversação.

— Mestre — disse o primeiro —, soubemos que a tua palavra traz ao mundo as Boas Novas do Reino de Deus e, entusiasmados com as tuas concepções, hipotecamos ao teu ministério o nosso aplauso irrestrito. Aspiramos Senhor, à posição de discípulos teus... Não obstante as obrigações que nos prendem ao Sagrado Tabernáculo de Israel, anelamos servir-te, aceitando-te as ideias e lições, com as quais seremos colunas de tua causa na cidade eleita do povo escolhido... Contudo, antes de solenizar nossos votos, desejamos ouvir-te quanto à conduta que nos compete à frente dos inimigos...

— Messias, somos hostilizados por terríveis desafetos, no Santuário — exclamou o segundo —, e, extasiados com os teus ensinamentos, estimaríamos acolher-te a orientação.

— Filho de Deus — pediu o terceiro —, ensina-nos como agir...

Jesus meditou alguns instantes, e respondeu:

— Primeiramente, é justo considerar nossos adversários como instrutores. O inimigo vê junto de nós a sombra que o amigo não deseja ver e pode ajudar-nos a fazer mais luz no caminho que nos é próprio. Cabe-nos, desse modo, tolerar-lhe as admoestações, com nobreza e serenidade, tal qual o ferro, que após sofrer, paciente, o calor da forja, ainda suporta os golpes do malho com dignidade humilde, a fim de se adaptar à utilidade e à beleza.

Os visitantes entreolharam-se, perplexos, e Jonathan retomou a palavra, perguntando:

— Senhor, e se somos injuriados?

— Adotemos o perdão e o silêncio — disse Jesus. — Muita gente que insulta é vítima de perturbação e enfermidade.

— E se formos perseguidos? — indagou Jessé.

— Utilizemos a oração em favor daqueles que nos afligem, para que não venhamos a cair no escuro nível da ignorância a que se acolhem.

— Mestre, e se nos baterem, esmurrarem? — interrogou Eliakim. — Que fazer se a violência nos avilta e confunde?

— Ainda assim — esclareceu o brando interpelado —, a paz íntima deve ser nosso asilo e o amor fraterno a nossa atitude, porquanto, quem procura seviciar o próximo e dilacerá-lo está louco e merece compaixão.

— Senhor — insistiu Jonathan —, que resposta oferecer, então, à maledicência, à calúnia e à perversidade?

O Cristo sorriu e precisou:

— O maledicente guarda consigo o infortúnio de descer à condição do verme que se alimenta com o lixo do mundo, o caluniador traz no coração largas doses de fel e veneno que lhe flagelam a vida, e o perverso tem a infelicidade de cair nas armadilhas que tece para os outros. O perdão é a única resposta que merecem, porque são bastante desditosos por si mesmos.

— E que reação assumir perante os que perseguem? — inquiriu Jessé, preocupado.

— Quem persegue os semelhantes tem o espírito em densas trevas e mais se assemelha ao cego desesperado que investe contra os fantasmas da própria imaginação, arrojando-se ao fosso do sofrimento. Por esse motivo, o socorro espiritual é o melhor remédio para os que nos atormentam...

— E que punição reservar aos que nos ferem o corpo, assaltando-nos o brio? — perguntou Eliakim, espantado. — Refiro-me àqueles que nos vergastam a face e fazem sangrar o peito...

— Quem golpeia pela espada, pela espada será golpeado também, até que reine o Amor puro na Terra — explicou o Mestre, sem pestanejar. — Quem se rende às sugestões do crime é um doente perigoso que devemos corrigir com a reclusão e com o tratamento indispensável. O sangue não apaga o sangue e o mal não retifica o mal...

E, espraiando o olhar doce e lúcido pelos circunstantes, continuou:

— É imperioso saibamos amar e educar os semelhantes com a força de nossas convicções e conhecimentos, a fim de que o Reino de Deus se estenda no mundo... As boas-novas de salvação esperam que o santo ampare o pecador, que o são ajude ao enfermo, que a vítima auxilie o verdugo... Para isso, é imprescindível que o perdão incondicional, com o olvido de todas as ofensas, assegure a paz e a renovação de tudo...

Nesse ínterim, uma criança doente chorou em alta voz num aposento contíguo.

O Mestre pediu alguns instantes de espera e saiu para socorrê-la, mas, ao regressar, debalde buscou a presença dos aprendizes fervorosos e entusiastas.

Na sala modesta de Pedro não havia ninguém.

~ 5 ~
O anjo cinzento

Para que o Homem adquirisse confiança em sua Bondade infinita, determinou o Senhor que vários anjos o amparassem na Terra, amorosamente...

Em razão disso, quando mal saía do berço, aproximou-se dele um anjo lirial que, aproveitando os lábios daquela que se lhe constituíra em mãezinha adorável, lhe ensinou a repetir:

— Deus... Pai do Céu... Papai do Céu...

Era o Anjo da Pureza.

Mais tarde, soletrando o alfabeto, entre as paredes da escola, acercou-se dele um anjo de luz verde que, por intermédio da professora, o ajudou a pronunciar em voz firme:

— Deus, nosso Pai celestial, é o Criador de todos os seres e de todas as coisas...

Era o Anjo da Esperança.

Alongaram-se-lhe os dias, até que penetrou uma casa de ensino superior, sob cujo teto venerável foi visitado por um anjo vestido em luz de ouro que, por intermédio de educadores eméritos, lhe falou acerca da glória e da magnificência do Eterno, utilizando a linguagem da Filosofia e da Ciência.

Era o Anjo da Sabedoria.

O Homem compulsou livros e consultou autoridades, desejando a comunhão mais direta com o Senhor e fazendo-se caprichoso e exigente.

Olvidando o direito dos semelhantes, propunha-se conquistar as atenções de Deus tão somente para si. A Majestade divina, a seu parecer, devia inclinar-se-lhe aos petitórios, atendendo-lhe as desarrazoadas solicitações, sem mais nem menos; e, porque o Criador não se revelasse disposto a personalizar-se para satisfazê-lo, começou a cultivar o espinheiro da negação e da dúvida.

Por mais insistisse o anjo dourado, rogando-lhe reverenciar o Senhor, acatando-lhe as leis e os desígnios, mais se mergulhava na hesitação e na indiferença.

Atormentado, procurou um templo religioso, onde um anjo azul o socorreu, valendo-se de um sacerdote para recomendar-lhe a prática do trabalho e da humildade, com a retidão da consciência e com a perseverança no bem.

Era o Anjo da Fé.

O Homem registrou-lhe os avisos, mas, sentindo enorme dificuldade para render-se aos exercícios da virtude, clamava intimamente: "Deus? Mas existirá Deus, realmente? Por que razão não me oferece provas indiscutíveis do seu poder?".

Frequentando o templo para não ferir as convenções sociais, foi auxiliado por um anjo róseo, que lhe conduziu a inteligência à leitura de livros santos, comovendo-lhe o coração e conduzindo-lhe o sentimento à prática do amor e da renúncia, da benevolência e do sacrifício, de maneira a abreviar o caminho para o divino encontro.

Era o Anjo da Caridade.

O teimoso estudante aprendeu que não lhe seria lícito aguardar as alegrias do Céu, sem havê-las merecido pela própria sublimação na Terra.

Ainda assim, monologava indisciplinado: "Se sou filho de Deus e se Deus existe, não justifico tanta formalidade para encontrá-lo...".

E prosseguia surdo aos orientadores angélicos.

Casou-se, constituiu família, amealhou dinheiro e garantiu-se contra as vicissitudes da sorte; entretanto, por mais se esforçassem os anjos da caridade e da sabedoria, da esperança e da fé, no sentido de favorecer-lhe a comunhão com o Céu, mais repudiava os generosos conselheiros, exclamando de si para consigo: "Deus? Mas existirá efetivamente Deus?".

Enrugando-se-lhe o rosto e encanecendo-se-lhe a cabeça orgulhosa, reuniram-se os gênios amigos, suplicando a compaixão do Senhor, a benefício do rebelde tutelado.

Foi quando desceu da Glória celeste um anjo cinzento, de semblante triste e discreto.

Não tomou instrumentos para comunicar-se.

Ele próprio abeirou-se do revoltado filho do Altíssimo, abraçou-o e assoprou-lhe ao coração a mensagem que trazia...

Sentindo-lhe a presença, o Homem cambaleou, deitou-se e começou a reconhecer a precariedade dos bens do mundo... Notou quão transitória era a posse dos patrimônios terrestres, dos quais não passava de usufrutuário egoísta... Observou que a sua felicidade passageira era simples sombra a esvair-se no tempo... E, assinalando sofrimento e desequilíbrio no âmago de si mesmo, compreendeu que tudo que desfrutava na vida era empréstimo divino da eterna Bondade...

Meditou... meditou... reconsiderando as atitudes que lhe eram peculiares e, em lágrimas de sincera e profunda compunção, qual se fora tenro menino, dirigiu-se pela primeira vez, com toda a alma, ao Todo-Poderoso, suplicando:

— Deus de infinita Misericórdia, meu Criador e meu Pai, compadece-te de mim!...

O anjo cinzento era o Anjo da Enfermidade.

~ 6 ~
Telefonema inesperado

Laurindo Matoso sentia-se no auge da exaltação doutrinária.

Iniciava os comentários de uma trintena de noites, que seriam consagradas a estudos sobre o dinheiro à face do Cristianismo, e exprimia-se, severo.

Lembrava a história dos grandes sovinas, relacionava os desastres morais surgidos da finança inconveniente...

— O ouro, meus irmãos — pontificava solene —, é o pai de quase todas as calamidades da Terra. Abre a vala da prostituição, gera a delinquência, incentiva a loucura e corrompe o caráter... Onde apareça a miséria, procurai, por perto, a fortuna. É preciso temer a posse e extinguir a avareza. O dinheiro destrói o amor e a felicidade, o dinheiro enche cadeias e manicômios...

A assembleia escutava, escutava...

Entretanto, o exame do assunto permitia o debate fraterno e, porque muitos companheiros de raciocínio acordado não podiam esposar plenamente as teses ouvidas, Matoso viu-se para logo encurralado em perguntas diretas.

— Mas você não considera o dinheiro como recurso da vida? — ponderava Montes, o irmão mais velho da turma. — A direção é que vale. Água governada faz a represa, a represa sustenta a usina, a usina cria trabalho e o trabalho é a felicidade de muita gente.

— Ora, ora! — gritava Laurindo, esmurrando a mesa — lá vem você, o filósofo espírita.

— Como assim? — sorriu o ancião prestimoso.

E Laurindo:

— Qualquer dinheiro desnecessário a quem o possua é porta aberta à demência.

— Ouça Matoso — interferiu dona Clélia — imagine-se você mesmo, num catre de provação, recolhendo o amparo amoedado de algum amigo. É impossível que você amaldiçoe o auxílio espontâneo...

— A assistência é tarefa para governos — tergiversou o orador.

— Sim — concordou a interlocutora —, mas, por vezes, a representação dos governos, embora respeitável, custa muito a chegar.

— E o dinheiro generoso que pode ajudar nos casos de família? — acentuou dona Zulma. — Naturalmente, o senhor não tem, como nos acontece, um filho acusado por um desfalque no banco. A quantia que nos foi emprestada, para salvar-lhe o nome, funcionou como bênção.

— Nada disso — protestou Laurindo, excitado. — Não houvesse o dinheiro e não surgiriam viciações. A praga dourada é que faz os defraudadores. Estudei a questão quanto pude. Em todas as civilizações, o dinheiro é responsável por mais da metade dos crimes...

A preleção seguia animada, com apartes ardentes, quando o telefone chamou Laurindo em pessoa.

O aviso procedia do recinto doméstico e, por isso, o monitor não conseguiu esquivar-se.

Ao telefone processou-se o seguinte diálogo:

— É você, Laurindo?

— Sim, sim.

— Olhe — informava a esposa distante —, um portador chegou agora...

— Que há? — inquiriu Matoso, austero e preocupado.

— Meu avô morreu e deixou-nos todos os bens... A fazenda, os depósitos, as apólices... Venha!... Precisamos combinar tudo. É muito problema por decidir, mas creio que a herança nos libertará de todo cuidado material para o resto da vida...

— Bem, filha — e a voz do Matoso adocicou-se, de inesperado —, vou já...

Logo após, algo atarantado, pediu desculpas, alegando que precisava sair.

— E o final da palestra? — disse Osvaldo Moura, um amigo que acompanhava as instruções, empunhando notas.

— Temos o mês inteiro para discutir o temário — explicou o orador. — O dinheiro é o flagelo dos homens. É imperioso guerreá-lo sem tréguas. Continuarei amanhã...

Os dias se passaram e, por mais solicitado ao regresso, Laurindo nunca mais voltou...

~ 7 ~
Servir mais

Efraim ben Assef, caudilho de Israel contra o poderio romano, viera a Jerusalém para levantar as forças da resistência, e, informado de que Jesus, o profeta, fora recebido festivamente na cidade, resolveu procurá-lo na casa de Obede, o guardador de cabras, a fim de ouvi-lo.

— Mestre — falou o guerreiro —, não te procuro como quem desconhece a Justiça de Deus, que corrige os erros do mundo, todos os dias... Tenho necessidade de instrução para a minha conduta pessoal no auxílio do povo. Como agir, quando o orgulho dos outros se agiganta e nos entrava o caminho?... Quando a vaidade ostenta o poder e multiplica as lágrimas de quem chora?

— É preciso ser mais humilde e servir mais — respondeu o Senhor, fixando nele o olhar translúcido.

— Mas... e quando a maldade se ergue, espreitando-nos à porta? Que fazer, quando os ímpios nos caluniam à feição de verdugos?

E Jesus:

— É preciso mais amor e servir mais.

— Senhor, e a palavra feroz? Que medidas tomar para coibi-la? Como proceder, quando a boca do ofensor cospe fogo de violência, qual nuvem de tempestade, arremessando raios de morte?

— É preciso mais brandura e servir mais.

— E diante dos golpes? Há criaturas que se esmeram na crueldade, ferindo-nos até o sangue... De que modo conduzir nosso passo, à frente dos que nos perseguem sem motivo e odeiam sem razão?

— É preciso mais paciência e servir mais.

— E a pilhagem, Senhor? Que diretrizes buscar, perante aqueles que furtam, desapiedados e poderosos, assegurando a própria impunidade à custa do ouro que ajuntam sobre o pranto dos semelhantes?

— É preciso mais renúncia e servir mais.

— E os assassinos? Que comportamento adotar, junto daqueles que incendeiam campos e lares, exterminando mulheres e crianças?

— É preciso mais perdão e servir mais.

Exasperado, por não encontrar alicerces ao revide político que aspirava a empreender em mais larga escala, indagou Efraim:

— Mestre, que pretendes dizer por "servir mais"?

Jesus afagou uma das crianças que o procuravam e replicou, sem afetação:

— Convencidos de que a Justiça de Deus está regendo a vida, a nossa obrigação, no mundo íntimo, é viver retamente na prática do bem, com a certeza de que a Lei cuidará de todos. Não temos, desse modo, outro caminho mais alto senão servir ao bem dos semelhantes, sempre mais...

O chefe israelita, manifestando imenso desprezo, abandonou a pequena sala, sem despedir-se.

Decorridos dois dias, quando os esbirros do Sinédrio chegaram, em companhia de Judas, para deter o Messias, Efraim ben

Assef estava à frente. E, sorrindo, ao algemar-lhe o pulso, qual se prendesse temível salteador, perguntou sarcástico:
— Não reages, galileu?
Mas o Cristo pousou nele, de novo, o olhar tranquilo e disse apenas:
— É preciso compreender e servir mais.

~ 8 ~
Macário Fagundes

Quando o Espírito Macário Fagundes bateu à porta da esfera superior, sobraçava à altura do peito elegante volume da *Bíblia*.

A *Bíblia* resumira-lhe na Terra as preocupações e os objetivos. Estudara religiões. Simpatizara com todas. Contudo, refugiara-se na *Bíblia*, dela fazendo argumento de última instância.

Fora a Macário que um amigo, certa feita, ponderara, delicado: "Fagundes, não tenho dúvidas quanto ao Novo Testamento, em que realmente sentimos a presença do Cristo, mas, no que se reporta aos antigos profetas, creio tudo devamos examinar com raciocínio e discernimento. Você acredita, por exemplo, no caso de Jonas, qual vem relatado pelos cronistas? Aceita que Jonas tenha sido tragado por uma baleia, viajando são e salvo dentro dela?". E Macário respondera firme: "A letra do Velho Testamento não pode falhar. Acredito piamente que a baleia engoliu Jonas para que ele cumprisse a missão de que estava incumbido, e, se estivesse escrito na *Bíblia* que Jonas engolira a baleia, eu aceitaria a informação com a mesma fé".

Pois era Macário quem se perfilava agora, reverente, ao pé da sagrada Porta.

Mensageiro espiritual atendeu, presto. E Fagundes explicou a própria condição. Vinha do mundo. Fora cristão fiel. Perdera o corpo de carne, no fenômeno da morte, e queria lugar para descanso. Para isso, acrescentava, vivera no temor da *Bíblia*, consagrando-se a ela de alma e coração.

— Entretanto, Fagundes, que fez você com a *Bíblia*? — indagou o amanuense, calmo.

— Peço licença para alongar-me um tanto na resposta — rogou o recém-chegado —, pois gastei a existência analisando ensinamentos e confrontando textos.

— Perfeitamente. Você esclarecerá a própria situação como deseje.

E Macário passou a elucidar:

— Adorei a *Bíblia* como a Palavra de Deus, em todos os meus dias. Sei que outros estudantes possuem apontamentos mais ou menos diversos de minha estatística pessoal, efetuada em longo tempo de estudo; no entanto, posso dizer que a *Bíblia* está contida em 69 livros, sendo 42 no Velho Testamento e 27 no Novo Testamento.

E prosseguiu:

— O Tesouro eterno, dentro dos livros referidos, está formado por 1.189 capítulos. Os 1.189 capítulos estão divididos em 31.138 versículos. Os 31.138 versículos possuem 774.748 palavras. As 774.748 palavras estão articuladas com 3.566.512 letras. O meio da *Bíblia* fica no versículo 8, do Salmo 118, em que o profeta diz claramente: "É melhor confiar no Senhor do que confiar no homem". O versículo mais longo é o de número 9, do capítulo 8, do livro de Ester, que relaciona uma ordem de Mardoqueu, e o versículo mais curto é o de número 35, do capítulo 11, do evangelho de João, que dá notícia do pranto de Jesus por Lázaro morto.

"Creio seja desnecessário alinhar anotações vulgarmente sabidas, mas é importante apontar que a *Bíblia* gastou cerca de mil anos para ser escrita, e está traduzida em mais de mil línguas e dialetos."

Macário silenciou.

Admitindo que ele apresentara quanto pretendia, o mensageiro replicou:

— Efetivamente, a sua cultura do livro sagrado é espantosa, mas houve um mal-entendido. Desejamos saber o que você realizou com a *Bíblia* no coração e nas mãos...

— Ah! — tornou Fagundes, repentinamente desapontado. — Já disse o que consegui... Minha confiança na *Bíblia* diz tudo...

— Sim, os seus conhecimentos são admiráveis; no entanto, a esfera superior pede obras, obras edificantes... A Lei determina seja cada um de nós julgado pelas próprias obras... É preciso que você relacione os próprios feitos...

— O apóstolo Paulo — adiantou Macário, desculpando-se — declara no versículo 1, do capítulo 5, na epístola aos Romanos, que "justificados pela fé temos paz com Deus, por nosso Senhor Jesus Cristo".

— Sem dúvida — atalhou o amigo espiritual —, a fé constitui o alicerce de todo trabalho, tanto quanto o plano é o início de qualquer construção. O apóstolo Paulo deve ser atenciosamente ouvido, mas não podemos esquecer a palavra do divino Mestre, no versículo 34, do capítulo 13, no evangelho de João: "Amai-vos uns aos outros como vos amei". Não ignoramos que Jesus nos amou em plena renunciação de si mesmo para melhor servir.

— É... é... de fato...

E Fagundes indagou:

— E agora? se me dediquei completamente à fé, que fazer agora?

— É preciso voltar à Terra e nascer de novo para fazer o bem que ensinamos. O próprio Cristo não teve outro programa, perante

Deus, e Paulo de Tarso, que exaltou a fé, não viveu outras diretrizes diante do Cristo... Crer, sim, mas fazer também. Fazer muito e sempre o melhor...

Macário resmungou, chorou, lastimou-se, reclamou; contudo, não teve outro remédio senão aceitar a verdade e nascer de novo.

~ 9 ~
Exame de virtude

Narra-nos um episódio autêntico que certo orientador do mundo israelita enviou um discípulo, que se notabilizara na interpretação dos Profetas, para determinada cidade, cujos habitantes se chafurdavam em vícios e enfermidades de toda espécie, com a recomendação de prestar-lhes concurso ativo.

Dois lustros correram, e porque as notícias do burgo fossem cada vez mais inquietantes, o guia do povo chamou o enviado, que compareceu, em atitude hierática, mostrando, na túnica lirial e no semblante mortificado de jejuns, a rigorosa observância da Lei.

Às primeiras interpelações ouvidas, respondeu, em tom grave:

— Mestre, para dar exemplo de virtude, retirei-me para o campo, onde todos sabem que existo.

— Compreendo — disse o mentor —, a solidão é necessária para que o pensamento se refaça com a inspiração divina; contudo, sem ligação com as criaturas humanas, é impraticável qualquer obra de auxílio.

E o entendimento continuou:

— Para não errar, vivo em completo mutismo, no fervor da oração.

— Medida essencialmente importante, mas, ainda que tenhamos de aprender em duras experiências, é preciso falar para que o bem seja feito.

— Expondo a pureza dos meus sentimentos, visto-me exclusivamente de branco...

— Costume honroso; no entanto, isso não deve impedir que nossa roupa se enodoe no trabalho de ajuda aos outros, para ser novamente lavada em momento oportuno.

— Minhas refeições são apenas de ervas.

— Hábito excelente; contudo, para trazer o corpo em condições de servir, é importante não desertar dos sistemas da alimentação comum, embora seja nossa obrigação garantir a simplicidade e fugir aos desregramentos, usando a carne, o leite, os ovos dos animais, as folhas, os frutos e as raízes das plantas, tão somente na quota indispensável à manutenção da existência.

— Durmo sem qualquer agasalho, fustigando as tendências inferiores...

— Louvável propósito, mas, na preservação da saúde orgânica, é justo repousar, nos moldes em que os outros descansam, a fim de que a vida no corpo nos ofereça maior rendimento para o melhor.

— Faço, porém, muito mais... Tenho o leito eriçado de pregos, castigando a volúpia da carne...

— Nobre intento, sem dúvida... Entretanto, vale mais combater a nós mesmos, na prestação de serviço ao próximo, para que a nossa luta não seja vã...

Silenciando o pupilo, indagou o chefe:

— E a tarefa de que te incumbiste?

— Mestre — replicou o mensageiro, desapontado —, sinceramente devo dizer que os cuidados na apresentação da virtude me tomam o tempo todo...

Nisso, belo cavalo de alvo pelo entrou no átrio da casa, conduzindo pobre ferido, cujas últimas energias o deserto esgotara...

O velho orientador comandou as providências iniciais de socorro e, trazendo o discípulo à frente do soberbo animal que escarvava o solo, falou com bondade:

— Pois olha, meu filho, este cavalo igualmente mora no retiro da Natureza, não se expressa em linguagem humana, veste-se todo em cabelos cor de neve, come apenas a erva que brota do chão, dorme ao relento, é calçado de cravos perfurantes e não passa de um cavalo... Mesmo assim, é o companheiro dos viajantes fatigados e, ainda agora, acaba de arrebatar um mercador prestimoso à sepultura de areia...

Em seguida, demandou o interior para confortar o recém-chegado, deixando o aprendiz a meditar quanto à vacuidade da virtude vazia.

~ 10 ~
Em nome de Jesus

Quando João Rigueira partiu da Terra, ardia ele no ideal de fazer o bem. Espírito prestimoso, não adquirira, no entanto, merecimento para grandes alturas. Era preciso trabalhar mais, estudar mais...

Por isso, Nicésio, o benfeitor que desde muito o tutelara, foi claro no conselho, ao recebê-lo no Espaço:

— João, você, para elevar-se, precisa mais tempo entre os homens.

— Para quê? — indagou, surpreso, o recém-desencarnado, que aspirava aos cimos.

— A fim de aprimorar-se, por meio do serviço em nome de Jesus — falou o guia.

E acrescentou:

— Além disso, você deixou no mundo a filha pequenina. Rosalva precisará de você...

Lembrou Rigueira o laço mais forte que o prendia na Terra.

Sim, Rosalva... O anjinho que a esposa inconsequente lhe deixara nos braços, quando seguira no encalço de aventuras inferiores... Desde a separação da companheira, entrara ele em duras lições de entendimento para esquecer, mas ficara a menina.

Recordava agora... Antes de libertar-se do corpo físico, entregara-a aos cuidados de pobre amigo, que se prontificou a interná-la em humilde orfanato. Oh, Deus! Como poderia esquecer a filhinha que deixara mal saída do regaço materno?!

Rigueira começou a chorar; contudo, Nicésio consolou-o:

— João, seja forte. Você recomeçará aqui suas tarefas, em nome de Jesus. Tenho um grupo de amigos encarnados, junto do qual permanecerá você em atividade, repartindo forças e atenções, entre o burilamento próprio e o amparo à criança.

— Sim, sim... — acentuou o interpelado em pranto copioso —, procurarei servir, servir...

E realmente, desde então, escolhendo a legenda "em nome de Jesus", João Rigueira passou a ajudar em casa do dr. Vicentino de Freitas, distinto advogado que tentava adaptar-se à Doutrina Espírita. A esposa, dona Guiomar, aquiescera em formar uma equipe doméstica para estudos do Evangelho, à qual se juntara dona Clélia, uma cunhada viúva, e seus dois filhos: Martinho e Luís Paulo.

Eram, desse modo, cinco aprendizes à mesa, quando Rigueira ocupou a mediunidade de dona Clélia, pela primeira vez, dando-se a conhecer como o mensageiro que passaria a servir ao conjunto, mais diretamente.

Emocionou-se, chorou e pediu a inspiração divina... E, desde aquele instante, foi promovido pela família confortada e alegre ao posto de "irmão João".

Duas vezes por semana reunia-se o grupo e o amigo espiritual velava, fiel. Mas não só isso. Era compelido a trabalho diário. Os serviços do dr. Vicentino reclamavam-lhe assistência, a saúde de dona Guiomar pedia abnegação, os problemas de dona Clélia multiplicavam-se e os rapazes não lhe dispensavam apoio na luta íntima.

Dois filhinhos de dona Guiomar surgiram no berço.

Rigueira fora o pajem vigilante, desde os primeiros dias da gestação, amparando e providenciando... Os gêmeos, Jorge e Jarbas, eram seguidos por ele, quais se lhe fossem rebentos do coração.

Sentinela incansável. Passes magnéticos a rodo para que os meninos se ajustassem. Enfermagem no sarampo e auxílio na coqueluche. Socorro contínuo ao campo orgânico de dona Guiomar, que aleitava dificilmente. Bálsamo invisível nos nervos do dr. Vicentino. E, no setor de dona Clélia, concurso incessante.

Mas, na esfera sentimental dele mesmo, o pobre Espírito João Rigueira acompanhava agoniado, os padecimentos da filha. Rosalva despedira-se do orfanato, já crescida, para servir na copa de família abastada e, aos 14 de idade, já sofria vexames.

O primogênito da casa perseguia e injuriava a mocinha.

Muitas vezes, o irmão João comparecia às preces e estudos, no lar dos Freitas, de alma em frangalhos; no entanto, nunca faltava.

Os filhos do dr. Vicentino cresceram. Luís Paulo e Martinho conquistaram diplomas nobres. E Rigueira, no batente, alentando a cada um.

À vista de tamanho devotamento, toda a família condecorava-lhe o nome com referências especiais.

— O irmão João é o herói da caridade que conhecemos — dizia dona Clélia, entusiasta.

— Espírito algum nos ensinou a prática da virtude, tanto quanto ele — rematava dona Guiomar, fazendo gesto confirmativo com a cabeça.

Estimulado por semelhante carinho, Rigueira, certo dia, tomou decisiva resolução. Insistiu mentalmente com a filha para sair da luzida residência em que se achava na bica de grave queda moral.

Rosalva, na primavera dos 20 anos, estava desfigurada, abatida... E tão atormentada se via na trama dos pensamentos inferiores, que não resistiu, de modo algum, às sugestões do Espírito paterno. Pôs-se a deambular, rua afora, acompanhada de perto por ele, que a conduziu, mecanicamente, para o lar do dr. Vicentino de Freitas, estuante de otimismo e ternura.

A família, à noitinha, aguardava reunida o momento exato do Evangelho, quando a jovem tocou a campainha.

Recebida no caramanchão de acesso, falou, inspirada por Rigueira. Via-se abandonada, pedia trabalho honesto, era órfã sozinha... Mas o dr. Vicentino, algo ríspido, explicou que não precisava de empregada. Dona Guiomar esclareceu que não dispunha de possibilidades para examinar a proposta. E Dona Clélia, mais generosa, deu-lhe 20 cruzeiros para um lanche, recomendando-lhe fosse à casa da esquina próxima, onde, segundo ouvira dizer, necessitavam de cozinheira.

Rosalva retirou-se em lágrimas e, além do portão, ouviu dona Guiomar que comentava severa:

— Deve ser uma perdida qualquer...

Ao que dona Clélia ajuntou com sarcasmo:

— De moça que se oferece, Deus nos livre!

Transcorrida meia hora, os componentes do círculo reuniam-se à mesa. Todos reverentes, em atitude submissa.

Finda a prece de abertura, foi lido e minuciosamente interpretado formoso trecho sobre a beneficência. Em seguida, o amigo espiritual incorporou-se em dona Clélia para o serviço do passe curativo; entretanto, como jamais acontecera no curso de quase vinte anos, o benfeitor guardava silêncio, mostrando sinais de imensa amargura.

— Que houve irmão João? — perguntou o dr. Vicentino. — Você, triste?

Rigueira, porém, fez um sorriso desapontado e respondeu paciente:

— Não se preocupe meu amigo. Tudo vai bem...

E concluiu:

— Continuemos trabalhando... em nome de Jesus.

~ 11 ~
Apuros de um morto

Quando Apolinário Rezende acordou, além da morte, viu-se terrivelmente sacudido por estranha emoção.

Ouvia a esposa, dona Francina, a chamá-lo em gritos estertorosos.

E qual se fosse transportado a casa por guindaste magnético, reconheceu-se, de chofre, diante dela, que se descabelava, chorosa.

"Ingrato! Ingrato!" — era o que a viúva dizia em pensamento, embora apenas tartamudeasse interjeições lamentosas com a boca.

Julgando-se no corpo de carne, Rezende, em vão, se fazia sentir.

Gritava pela companheira. Pedia explicações. Esmurrava a mesa em que a senhora apoiava os cotovelos.

Dona Francina, entretanto, procedia como quem lhe ignorava a presença.

O infeliz, no primeiro instante, julgou-se dementado. Acreditava-se em pesadelo e queria retomar à vida comum, despertar...

Beliscava-se inutilmente.

Nisso, escutou o próprio nome no andar térreo.

Despencou-se e encontrou Maria Iza, a copeira que se habituara a estimar como sua própria filha, em conversação discreta com o advogado que lhe fora amigo íntimo.

O dr. Joaquim Curado ouvia atento a moça, que lhe confidenciava uma infâmia.

A empregada, que sempre lhe recolhera a melhor atenção, não se pejava de acusá-lo, afirmando que o pequeno Samuel, o menino que lhe nascera, quatro anos antes, do coração de mãe solteira, era filho dele, Rezende. A serviçal, no extremo da calúnia, dramatizava em pranto. Dizia despudorada, que seu filhinho Samuel não podia privar-se da herança, que ela, em outros tempos, vivia sofrendo injuriosas cenas de ciúme, por parte da patroa, das quais o próprio dr. Joaquim devia lembrar-se, e que estava agora resolvida a colocar a questão em pratos limpos.

Apolinário cerrou os punhos e dispunha-se a esbofeteá-la, quando o causídico asseverou: "Bem, desde que o Rezende morreu...".

O pobre Espírito liberto sofreu tremendo choque.

Morrera então? Que significava tudo aquilo?

Sentia-se louco... Gritou desesperado, lembrando fera aguilhoada no circo, mas os dois interlocutores nem de leve lhe perceberam a reação, e o entendimento continuou...

Chorando copiosamente, Apolinário ficou sabendo que o inventário dos seus bens seguia em meio, que Maria Iza alegava-se seduzida por ele e exigia mais de dois milhões de cruzeiros, parte igual ao montante que se reservava a cada um de seus filhos.

O dr. Joaquim falava em exame de sangue e pedia provas.

A moça notificou que Renato, o filho caçula de dona Francina, fora testemunha da experiência infeliz a que se submetera, acedendo às tentações que lhe haviam sido movidas pelo morto.

Aterrado, Rezende viu seu próprio filho mais novo entrar, a chamado, no parlatório doméstico, apoiando a invencionice.

O jovem, que ultrapassara os 22 anos, preocupava-o sempre, pelo caráter leviano; contudo, não foi sem espanto que passou a escutá-lo, confirmando a denúncia.

Perante o advogado surpreendido, Renato anunciou que, simplesmente tocado pela compaixão, deliberara ajudar Maria Iza, declarando que o pai, pilhado por ele em vários encontros com ela, resolvera confiar-lhe a verdade, salientando que, um dia, quando viesse a falecer, o menino Samuel não devia ser esquecido, uma vez que lhe devia a paternidade.

Rezende, tomado de repugnância, desmentia tudo, até que lhe pareceu ouvir os pensamentos do filho, compreendendo, por fim, que Renato se mancomunara com a copeira, de modo a senhorear metade da importância que a ela fosse atribuída pela Justiça.

Entendeu a chantagem.

O rapaz pretendia o maior quinhão e, para isso, não vacilava enxovalhar-lhe o nome.

Abatido, procurou Reinaldo, o filho mais velho, moço de comportamento exemplar; entretanto, foi achá-lo no gabinete, conformado com a situação. O irmão desfechara habilmente o golpe, e o primogênito preferira perder parte da herança a desrespeitar a memória do pai.

Voltou Rezende ao quarto da esposa e debalde quis confortá-la.

Dona Francina ensopara o lenço de lágrimas. Não chorava tanto o dinheiro de que deveria dispor. Lastimava a suposta infidelidade do falecido marido. Recordava todos os dias felizes, em que ambos haviam desfrutado confiança perfeita... Era preciso ser desumano para que lhe mentisse, qual o fizera, dentro do próprio lar. Ansiava conservá-lo puro, na lembrança, viver o resto da existência preparando-se para reencontrá-lo; entretanto...

Esforçava-se Rezende para consolá-la, a procurar em si mesmo a razão por que sofria semelhante prova, quando lhe ocorreu um estalo na consciência.

Via-se recuar, recuar...

Sim, sim, Maria Iza recebera dele tão somente considerações respeitosas; contudo, Julieta surgia-lhe agora... Fora-lhe a companheira da juventude, quarenta anos antes... Menina de condição modesta aguentara-lhe a ingratidão. Cedera aos seus caprichos de moço impulsivo e passara a aguardar-lhe um filhinho, confiando no casamento. Examinando, porém, as próprias conveniências, obrigara Julieta a sujeitar-se a vergonhoso processo abortivo e, em seguida, ao vê-la frustrada, abandonou-a na vala do meretrício.

Rezende, atormentado em dolorosas reminiscências, inquiria a si próprio se a calúnia de Maria Iza seria a resposta do destino ao sarcasmo em que lançara Julieta... Onde encontrar a vítima de outra época para rojar-se-lhe aos pés suplicando misericórdia? Por outro lado, ali estava dona Francina, a reclamar-lhe assistência, e Maria Iza, a quem devia perdoar, a seu turno.

Tateava o crânio em fogo.

Atravessava o primeiro dia de consciência acordada, depois da morte, e parecia estar no inferno mental, desde muito tempo.

Caiu a noite e Rezende permaneceu, aflito, junto da esposa, tentando, em vão, falar-lhe durante o sono...

Manhã cedo, dona Francina levantou-se, orou à frente da própria imagem dele, na foto de cabeceira, tomou grande ramo de flores e saiu na direção de um templo.

Apolinário seguiu-a, reconhecendo, emocionado, que a esposa encomendara um ofício religioso, a benefício da sua felicidade.

Findas as preces, dona Francina tocou para o cemitério.

Só então Rezende veio, a saber, que a leal companheira comemorava o sexto mês de sua partida.

Cento e oitenta e três dias de inconsciência na vida espiritual!

Assombrado, fitou a esposa, que se ajoelhara à frente do seu próprio túmulo. Entre angustiado e curioso, inclinou-se para a lápide e soletrou espantadiço:

"Aqui jaz Apolinário Rezende". E, em letras menores: "Orai pelo descanso eterno de sua alma".

Quando leu as palavras "descanso eterno", Rezende passou a refletir sobre as agonias morais a que era submetido, desde a véspera, e, embora sentindo imenso desejo de chorar, esqueceu a quietude do campo santo e desferiu, em desespero, enorme gargalhada...

~ 12 ~
Verdugo e vítima

O rio transbordava.

Aqui e ali, na crista espumosa da corrente pesada, boiavam animais mortos ou deslizavam toras e ramarias.

Vazantes em torno davam expansão ao crescente lençol de massa barrenta.

Famílias inteiras abandonavam casebres, sob a chuva, carregando aves espantadiças, quando não estivessem puxando algum cavalo magro.

Quirino, o jovem barqueiro, que 26 anos de sol no sertão haviam enrijado de todo, ruminava plano sinistro.

Não longe, em casinhola fortificada, vivia Licurgo, conhecido usurário das redondezas.

Todos o sabiam proprietário de pequena fortuna a que montava guarda vigilante.

Ninguém, no entanto, poderia avaliar-lhe a extensão, porque, sozinho envelhecera e, sozinho atendia às próprias necessidades.

"O velho" — dizia Quirino de si para consigo — "será atingido na certa. É a primeira vez que surge uma cheia como esta.

Agarrado aos próprios haveres, será levado de roldão... E se as águas devem acabar com tudo, por que não me beneficiar? O homem já passou dos setenta... Morrerá a qualquer hora. Se não for hoje, será amanhã, depois de amanhã... E o dinheiro guardado? Não poderia servir para mim, que estou moço e com pleno direito ao futuro?..."

O aguaceiro caía sempre, na tarde fria.

O rapaz, hesitante, bateu à porta da choupana molhada.

— Seu Licurgo! Seu Licurgo!...

E, ante o rosto assombrado do velhinho que assomara à janela, informou:

— Se o senhor não quer morrer, não demore. Mais um pouco de tempo e as águas chegarão. Todos os vizinhos já se foram...

— Não, não... — resmungou o proprietário —, moro aqui há muitos anos. Tenho confiança em Deus e no rio... Não sairei.

— Venho fazer-lhe um favor...

— Agradeço, mas não sairei.

Tomado de criminoso impulso, o barqueiro empurrou a porta mal fechada e avançou sobre o velho, que procurou em vão reagir.

— Não me mate, assassino!

A voz rouquenha, contudo, silenciou nos dedos robustos do jovem.

Quirino largou para um lado o corpo amolecido, como traste inútil, arrebatou pequeno molho de chaves do grande cinto e, em seguida, varejou todos os escaninhos...

Gavetas abertas mostravam cédulas mofadas, moedas antigas e diamantes, sobretudo diamantes.

Enceguecido de ambição, o moço recolhe quanto acha.

A noite chuvosa descera completa...

Quirino toma os despojos da vítima num cobertor e, em minutos breves, o cadáver mergulha no rio.

Logo após, volta à casa despovoada, recompõe o ambiente e afasta-se, enfim, carregando a fortuna.

Passado algum tempo, o homicida não vê que uma sombra se lhe esgueira à retaguarda.

É o Espírito Licurgo, que acompanha o tesouro.

Pressionado pelo remorso, o barqueiro abandona a região e instala-se em grande cidade, com pequena casa comercial, e casa-se, procurando esquecer o próprio arrependimento, mas recebe o velho Licurgo, reencarnado, por seu primeiro filho...

~ 13 ~
A única dádiva

Conta-se que Simão Pedro estava cansado, depois de vinte dias junto do povo.

Banhara feridentos, alimentara mulheres e crianças esquálidas, e, em vez de receber a aprovação do povo, recolhia insultos velados, aqui e ali...

Após três semanas consecutivas de luta, fatigara-se e preferira isolar-se entre alcaparreiras amigas.

Por isso mesmo, no crepúsculo anilado, estava, ele só, diante das águas, a refletir...

Aproxima-se alguém, contudo...

Por mais busque esconder-se, sente-se procurado.

É o próprio Cristo.

— Que fazes Pedro? — diz-lhe o Senhor.

— Penso, Mestre.

E o diálogo prolongou-se.

— Estás triste?

— Muito triste.

— Por quê?
— Chamam-me ladrão.
— Mas se a consciência não te acusa, que tem isso?
— Sinto-me desditoso. Em nome do amor que me ensinas, alivio os enfermos e ajudo os necessitados. Entretanto, injuriam-me. Dizem por aí que furto, que exploro a confiança do povo... Ainda ontem, distribuía os velhos mantos que nos foram cedidos pela casa de Carpo, entre os doentes chegados de Jope... Alegou alguém, inconsideradamente, que surrupiei a maior parte... Estou exausto, Mestre. Vinte dias de multidão pesam muito mais que vinte anos de serviço na barca...
— Pedro, que deste aos necessitados nestes últimos vinte dias?
— Moedas, túnicas, mantos, unguentos, trigo, peixe...
— De onde chegaram as moedas?
— Das mãos de Joana, a mulher de Cusa.
— As túnicas?
— Da casa de Zobalan, o curtidor.
— Os mantos?
— Da residência de Carpo, o romano que decidiu amparar-nos.
— Os unguentos?
— Do lar de Zebedeu, que os fabrica.
— O trigo?
— Da seara de Zaqueu, que se lembra de nós...
— E os peixes?
— Da nossa pesca.
— Então, Pedro?
— Que devo entender, Senhor?
— Que apenas entregamos aquilo que nos foi ofertado para distribuirmos, em favor dos que necessitam. A divina Bondade conjuga as circunstâncias e confia-nos de um modo ou de outro os elementos que devamos movimentar nas obras do bem... Disseste servir em nome do amor...
— Sim, Mestre...

— Recorda, então, que o amor não relaciona calúnias, nem conta sarcasmos.

O discípulo, entremostrando súbita renovação mental, não respondeu.

Jesus abraçou-o e disse apenas:

— Pedro, todos os bens da vida podem ser transmitidos de sítio a sítio e de mão em mão... Ninguém pode dar, em essência, esse ou aquele patrimônio do mundo, senão o próprio Criador, que nos empresta os recursos por Ele gerados na Criação... E, se algo podemos dar de nós, o amor é a única dádiva que podemos fazer, sofrendo e renunciando por amar...

O Apóstolo compreendeu e beijou as mãos que o tocavam de leve.

Em seguida, puseram-se ambos a falar alegremente sobre as tarefas esperadas para o dia seguinte.

~ 14 ~
A resposta do benfeitor

Em plena reunião, Venâncio, o orientador espiritual, senhoreava o aparelho mediúnico e falava para a assembleia de oito pessoas:

— É o culto do Evangelho, meus amigos. Precisamos de companheiros que se disponham a efetuá-lo no ambiente de nossos irmãos Silverini. A família recorre aos nossos préstimos e apelaremos, por nossa vez, para a misericórdia do Senhor. O Evangelho é a nossa carta de crédito e o quadro é doloroso. Cinco jovens obsidiados. Imaginem-se vocês no lugar desses pais de coração aflito. A palavra da Boa Nova, porém, transformará o clima doméstico. Com o ensinamento de Jesus, os desencarnados menos felizes mostrar-se-ão tocados de remorso e os amigos que nos propomos socorrer encontrarão forças multiplicadas para a sustentação da paciência. Para isso, nós, os humildes trabalhadores espirituais, necessitamos das vozes e das mãos de vocês. Estimaremos, assim, ouvi-los a respeito do assunto. Quem do grupo é capaz de ajudar-nos nesse cometimento? Basta estejamos na casa dos Silverini, duas horas por noite, duas vezes por semana...

Ninguém respondeu.

Venâncio, contudo, voltou à carga, perguntando nominalmente:

— Que me diz César?

E César, o diretor da equipe, gaguejou:

— Eu, meu amigo? Realmente, não tenho qualidades. Sou um lobo em pele de ovelha. Estou aqui por acaso. Tenho um gênio rude, violento... Receio agravar a situação...

E o curioso inquérito prosseguiu.

— E a senhora, irmã Júlia?

— Decididamente, sou a última — respondeu a dama referida. — Reconheço-me incapaz. Em casa, todos me dizem descontrolada, falastrona...

— E a senhora, irmã Nícia?

— Ora, Venâncio, temos em sua presença o carinho de um pai; no entanto, a sua bondade compreenderá... Sou mãe solteira. Você sabe que a Doutrina Espírita foi minha tábua de salvação, para que não descesse a muitos desatinos. Não tenho coragem de enfrentar...

— E a senhora, irmã Cláudia?

— Ainda sou uma obsidiada. Há momentos em que sinto enorme dificuldade para suportar a mim própria. Creio que minha cooperação apenas conseguiria piorar...

— E o nosso Lauro?

O moço apontado tartamudeou triste:

— Quando vim para cá, era fichado na polícia. Com a bênção de Deus, sou agora outro homem. Ainda assim, temo criar problemas...

— E a irmã Gina?

— Eu, Venâncio? Logo eu? — disse a senhora que fora nomeada — Também não posso... Sou um abismo de inferioridades e tentações...

— E o irmão Souza?

— Minha boa vontade é grande — afirmou o amigo chamado a testemunho — contudo, sofri pesada falência no ano passado. Desde que fechei minha loja, tenho letras protestadas... De que jeito iria falar no Evangelho? Dou graças a Deus por não estar na cadeia...

— E você, irmão Ciro?

Entretanto, o rapaz trazido a pronunciar-se explicou:

— Sou franco... Não passo de um animal. Sem o amparo de nossa reunião, estaria na sarjeta.

O silêncio caiu pesado.

Venâncio, após refletir alguns momentos, retomou a palavra e orou com inflexão de profunda tristeza, rogando a Jesus encorajamento ao trabalho.

Havia, porém, tanta amargura na voz do amigo espiritual, que, ao término da petição, o dirigente da casa indagou, inquieto:

— Ouça, Venâncio! Está você agastado conosco?

— De modo algum — replicou o benfeitor.

E acrescentou:

— Cada um dá o que tem. Sei que experimentam grandes obstáculos. Mas se vocês estão aguardando asas de anjos para poderem auxiliar na Terra, eu sou alma humana com necessidade de serviço, a fim de curar as minhas próprias imperfeições... Até que vocês cheguem ao Céu, vai levar muito tempo, e eu, sinceramente, não posso esperar...

E antes que os amigos, repentinamente despertos para a responsabilidade, conseguissem emitir novas opiniões, Venâncio despediu-se.

~ 15 ~
Posições

Há longo, longo tempo, compareceram no Tribunal divino dois homens recém-chegados da Terra.

Um trazia o sinal da muleta em que se apoiara.

Outro mostrava as marcas da coroa que lhe havia adornado a cabeça.

Fariam prova de humildade para voltarem ao mundo ou seguirem além...

Postos, um a um, na balança, o primeiro acusou enorme peso. Era ainda presa fácil de lutas inferiores, parecendo balão cativo.

O segundo, no entanto, revelava grande leveza. Poderia viajar em demanda dos cimos.

Inconformado, contudo, disse o primeiro:

— Onde a Justiça divina? Fui mendigo paupérrimo, enquanto ele...

E indicando o outro:

— Enquanto ele era rei... Passei fome, ao passo que muita vez o vi no banquete lauto. Esmolava na rua, avistando-o na carruagem. Conheci a nudez, reparando-o sob manto dourado, quando seguia em triunfo... Vivi entre os últimos, ao passo que ele sempre aparecia como o primeiro entre os primeiros...

O outro baixou a cabeça, humilhado, em silêncio...

Mas o amigo sereno, que representava o Senhor, falou persuasivo:

— Viste-o na mesa farta, mas não lhe percebeste os sacrifícios ao comer por obrigação. Notaste-o de carro; entretanto, não lhe observaste o coração agoniado de dor, ante os problemas dos súditos a que devia assistência. Fitaste-o sob dourado manto nos dias de júbilo popular; todavia, não lhe contemplaste as chagas de sofrimento moral, diante das questões insolúveis... Conheceste-o entre os maiorais da Terra; entretanto, não sabes quantos punhais de hipocrisia e de ingratidão trazia cravados no peito, embora fosse obrigado a sorrir... Além disso, na posição de soberano, podia ferir e não feriu, humilhar e não humilhou a ninguém, prejudicar e não prejudicou, desertar e não desertou... Na situação de mendigo, não foste lançado a semelhantes problemas da tentação...

Diante do companheiro triste, o ex-monarca recebeu passaporte para a ascensão sublime.

Sozinho e em lágrimas, perguntou, então, o ex-mendigo:

— E agora?

O Ministro angélico abraçou-o, sensibilizado, e informou:

— Agora, renascerás na Terra e serás também rei.

~ 16 ~
A lição maior

Diante de milhares de Espíritos deslumbrados, a preleção terminou...

A assembleia, constituída na maioria por entidades sofredoras da Terra, estacara, em suspenso, no vasto recôncavo do Espaço.

Assombro, alegria, emoção...

É que falara o grande cartaginês Aurélio Agostinho, venerado no Cristianismo como figura das mais elevadas na História.

Nimbado de intensa luminosidade, comovera ele a multidão, na categoria de emissário da esfera superior.

Desencarnados de vários países cristãos ali se ajuntavam para ouvi-lo. Antigos professores de Hipona[3] e Tagasta,[4] Madaura[5] e Milão,[6] experimentados em muitas reencarnações, partilhavam-lhe o séquito.

---

[3] N.E.: antiga cidade da Numídia, perto de Annaba. Santo Agostinho foi titular dessa diocese. Ruínas romanas.

[4] N.E.: cidade da antiga Numídia, onde nasceu Santo Agostinho e Santa Mônica, é atualmente Souk-Ahras, na Argélia, a 100 km ao sudeste de Annaba.

[5] N.E.: antiga cidade de Numídia, na atual Argélia. Pátria de Apuleio.

[6] N.E.: cidade da Itália, capital da Lombardia.

Comentava-se em grupos diversos a sublime condição do orador. Diziam muitos amigos que o grande pregoeiro do Evangelho transcendera a Humanidade terrestre, ao que outros respondiam sabê-lo na intimidade de gênios soberanos, integrados na evolução de outros sistemas e outras esferas.

Guerreiros cuja mente se fatigava para anular a lembrança da espada, ricos empobrecidos de ouro e remediados de consolação, mulheres cansadas de mentira e almas numerosas, em dolorido abatimento, haviam recebido a palavra da Boa Nova, qual se esta fosse um néctar divino... Todos os presentes exibiam singular metamorfose, como se a luz interior do coração se lhes estampasse no semblante transfigurado, entremostrando aspirações novas, dando a ideia de quem sacava ao futuro energias diferentes para a batalha da própria regeneração, e o pranto copioso, aqui e ali, destacava, decerto, votos íntimos, profundos...

Preparava-se o orador à retirada, quando recebeu o toque de alguém, recém-vindo da Terra.

Era um homem que ainda trazia as marcas de recente liberação do corpo físico.

Fitando os olhos do mensageiro que o abençoava, caiu em reverência e rogou:

— Grande apóstolo de nosso Senhor Jesus Cristo! Dos sessenta anos que vivi entre as criaturas humanas, quarenta dediquei ao estudo de vossa vida! Procuro-vos, desde muito, com ardente afeição... Agora que vos encontro, peço recebais o testemunho de meu apreço, e permiti, ó embaixador da Bondade divina, algo vos pergunte na minha prece de respeitosa admiração!... Alçado agora à munificência da Altura, vós que desfrutais a convivência dos assessores do Cristo e que acompanhais a marcha de quinze séculos de Cristianismo, assinalados desde a vossa conversão ao Evangelho, que revelação mais alta tendes hoje a proporcionar-nos? Vós que conheceis presentemente outros mundos, que devassais novos segredos cósmicos, que sabeis olhar com entendimento e compaixão para as nossas almas e que desempenhais, com honra, a função de arauto das eternas Verdades, dizei-nos qual a lição que considerais a mais nobre, em vossa triunfante jornada de espírito?

O antigo lidador cartaginês,[7] sensibilizado, afagando a cabeça trêmula do companheiro que perguntava, respondeu, bondoso:

— Meu filho, a mensagem maior em toda parte, como sempre, é a grandeza de Deus que envolve o Universo. As constelações remotas estendem-lhe o poder. Os sóis que nos influenciam de perto proclamam-lhe o esplendor. Os mundos que conseguimos pisar demonstram-lhe a paternal solicitude. Flores e gotas de água são notícias de seu infinito Amor... Todos os fenômenos da vida dizem algo de sua glória oculta. No entanto, o ensinamento mais alto que recebi até agora, no âmago da consciência, é aquele de minha própria transformação... Contado entre os maiores devassos e criminosos da Terra, pude entrar, pela abnegação de Jesus Cristo, o fiador de nossas almas, em minha própria restauração, na trilha de serviço que continuo a palmilhar.

O consulente baixou o rosto, ante a humildade do mensageiro.

E enquanto o grande mentor se afastava, cercado de amigos, a explicação ecoou, no imenso vale dos pecadores desencarnados, como sopro renovador de alegria e esperança...

---

[7] N.E.: relativo à antiga Cartago, hoje Tunísia, país do Norte da África; ou o seu natural ou habitante; púnico.

~ 17 ~
Festas

Filipe Simas renasceria com a missão de impulsionar a Verdade. Prometera aos Espíritos superiores acolher-lhes o ensinamento, dosá-lo e distribuí-lo com a multidão.

Várias vezes, antes do berço, visitou, em companhia de grandes instrutores, o local em que receberia a tarefa.

E vira, de perto, a enorme cidade em que lhe soaria a palavra como trombeta do Céu.

Começaria o apostolado por intermédio do verbo fulgurante, e terminá-lo-ia com o lançamento de alguns livros em que os mensageiros divinos expressassem preciosa síntese da realidade maior.

À face dos abençoados compromissos, Simas nasceu e criou-se, iniciando o trabalho com geral admiração.

Muito jovem ainda, falava arrebatando quem o ouvisse. Benfeitores invisíveis ocupavam-lhe a garganta, transformada então em tuba sublime, e o conceito edificante lhe jorrava da boca. Assemelhava-se, nesses instantes, a cascata de luz.

Legiões de pessoas escutavam-no, emocionadas. Senhoras reconhecidas beijavam-lhe as mãos e companheiros respeitáveis abraçavam-no, comovidos.

Todavia, os Espíritos acomodados às sensações inferiores da existência física mostravam-se incomodados. As preleções de Simas mudavam a vida mental da maioria de quantos encarnados eles se haviam habituado a vampirizar. E perdiam terreno.

Agindo por sindicato de exploradores, reuniram-se em estudo. Como remover o embaraço?

A princípio, improvisaram dificuldades. No entanto, as dificuldades como que lhe infundiam recursos novos. Simas orava e colhia forças. Invadiram-lhe, então, o reduto familiar. Inexplicavelmente, os irmãos lhe atiravam ironias em rosto. O missionário, contudo, cobrava energias na prece. Era como se vivesse ligado à esfera superior, à maneira de escafandrista do mundo espiritual, captando-lhe o sagrado oxigênio da inspiração.

Os perseguidores sutis inventaram processos novos... Tentações variadas, cargas fluídicas em forma de dor, deserção de amigos, incompreensões, sarcasmos, prejuízos, mais amplas tricas domésticas...

Mas Filipe continuava falando. Palavra altissonante, reeducativa. E, como consequência, surgiam atitudes de conversão, intercâmbio de livros nobres, renovações, vidas transfiguradas e lares reconstruídos.

Reagruparam-se os adversários ferrenhos e, na assembleia, falou um deles mais experiente:

— O rapaz já cheirou dinheiro grande?

E as respostas vieram:

— Sim... sim...

— Já foi experimentado em prazeres diversos?

— E mostrou-se indiferente...

— Lutas familiares?

— Venceu as maiores.

— Calúnias?
— Aproveitou-as, fazendo-se herói...
O técnico em assuntos da sombra pensou algum tempo e lembrou:
— Festas! Já foi testado em homenagens pessoais?
E o grupo todo:
— É... é... ainda não...
— Experimentem — disse o astuto opositor —; pouquíssimos se livram...
Começou para Simas uma época nova.
Os amigos, como se animados de furor admirativo, passaram a requisitá-lo. Apoio e demonstrações de apreço por toda a parte. Era o homem das festas inaugurativas. Nada se fazia sem ele, em matéria de atos sociais. Vistoria inicial de templos espíritas começantes, almoços de confraternização, reuniões comemorativas, viagens de longo curso para atender a convites honrosos, ágapes familiares, passeios no campo, preitos de ternura, recheados de flores...
E Simas falava, comovendo. Aplausos e lágrimas.
E explodiam novos convites... Jantares íntimos, conversações confidenciais, auditórios fiéis, amigos revezando-se em ofertas afáveis... Automóveis, aqui e ali, à disposição. Retratos a rodo, álbuns de viagens, recortes de jornais em que seu nome ganhara citação. Relatórios cordiais pela noite adentro, visitas intermináveis... e, com isso, a gula festiva.
Onde Filipe estivesse, surgia a mesa. Lanches, sequilhos, viandas, licores... Muita gente do séquito sabia de antemão: Simas chegando, comezainas à farta. Como complemento aos licores inofensivos, havia para o grupinho mais íntimo as "bombas" alcoólicas.
Com alguns poucos anos, arrancado ao cultivo da reflexão e ao hábito salutar da leitura nobre, Simas era dono de conversação rotineira.

Repetia casos, repisava conceitos sem refundi-los. De tanto aceitar homenagens enfeitadas por mãos quituteiras, acostumara-se ao prato grande. Fizera-se gastrônomo exigente. E, decerto, em razão da gordura excessiva, não mais aguentava servir nos longos comentários edificantes. Nada além de cinco minutos. Cansava-se, dizia-se portador de várias moléstias, afirmava-se em provação.

Antigos bajuladores não tinham, agora, mais tempo de cortejá-lo. E, muito antes dos dias previstos para os livros reveladores, Simas, vencido, tornara-se um trapo de gente, viciado em comprimidos para dor de cabeça.

Quando o vi, pela última vez, era um homem afônico, neurastênico. Rixava com a esposa. Clamava contra a gripe, contra a chuva, contra a umidade e contra o vento. E, não longe, dois antigos adversários de sua missão, já fracassada, diziam, irônicos, entre si:

— Que fazer para levantar Simas de novo?

— Façamos festas! Uma festa é o remédio ideal.

E riam-se às escâncaras.

~ 18 ~
Diário de um médium

Quando, por solicitação de amigos, penetramos o quarto de Alfredo Lúcio, para acudi-lo no processo de desencarnação, o diário que o tempo amarelecera estava aberto e podíamos ler, em trechos curtos, a história de sua experiência.

22 de outubro – Nesta noite inesquecível de 22 de outubro de 1923, faço minha profissão de fé. Acompanhei reunião íntima no Centro Espírita Vicente de Paulo, na rua Tavares Guerra, 74, aqui no Rio, e pude ouvir a palavra de minha mãe que eu supunha morta. Ela mesma. Falava-me pelo médium, como se estivéssemos em nossa casa do Méier. Chorei muito. Estou transformado. Sou agora espírita. Peço a Deus me abençoe os votos solenes de trabalhar pela Grande Causa.

23 de outubro – Tentei a mediunidade escrevente e consegui. Maravilhoso! A ideia me escorria da cabeça com a mesma rapidez com que a frase escrita me saía da mão. Recebi confortadora mensagem assinada por dona Amélia Hartley Antunes Maciel,[8]

---
[8] N.E.: (1848–1919), carioca de nascimento. Casou-se aos 17 anos com Aníbal

a Baronesa de Três Serros, que foi companheira de infância de minha mãe. Aconselhou-me a aperfeiçoar a mediunidade, a fim de cooperar na evangelização do povo. Sim, sim, obedecerei...

24 de outubro – Procurei o confrade Sr. Augusto Ramos, da Diretoria do "Vicente de Paulo", na Ponta do Caju, e falei-lhe de meus planos. Encorajou-me. Foi para mim valioso entendimento espiritual. Quero servir, servir.

25 de outubro – Congreguei vários irmãos no "Centro", em animada conversação sobre os desastres morais. A imprensa está repleta de casos tristes. Suicídios, homicídios. Comentamos o imperativo da mediunidade apostólica. É muito sofrimento nascido da ignorância! Deus de Bondade infinita, darei minha vida pelo esclarecimento dos meus irmãos em Humanidade!...

26 de outubro – Avistei-me hoje com o Sr. Leopoldo Cirne[9] e sua estimada esposa, na residência deles próprios. Foram amigos de dona Amélia. Oramos. A baronesa comunicou-se, exortando-me ao cumprimento do dever. Convidou-me a estudos sérios. O Sr. Cirne falou-me, bondoso, quanto à necessidade do discernimento.

27 de outubro – Continuo a trabalhar ativamente na psicografia...

10 de novembro – O presidente de nossa casa espírita ponderou comigo que é importante não acelerar o desenvolvimento mediúnico. Entretanto, não concordei. A ignorância e a dor esperam por mensagens do Alto. Nas últimas seis noites, recebi páginas e páginas do Espírito que se deu a conhecer como Fílon[10], de Atenas, desencarnado na Grécia Antiga. Disse-me que tenho grande missão a cumprir...

Antunes Maciel, vindo residir em Pelotas, em 1864. Era espírita, diferentemente do marido, que era católico.

[9] N.E.: (1870-1941), nasceu na Paraíba do Norte e foi Presidente da Federação Espírita Brasileira no período de 1900 a 1914.

[10] N.E.: foi um engenheiro militar grego no final do século IV e início do terceiro século a. C.

2 de dezembro – É tanta gente a falar-me sobre estudo, que deixei de frequentar o "Centro"... Preciso trabalhar, trabalhar. Fílon está escrevendo quatro horas diariamente, por meu intermédio. Está preparando dois livros por intermédio de minhas faculdades. Sim, ele tem razão. O mundo espera, ansioso, a evidência do plano espiritual!

1 de janeiro – Entrei no Ano-Novo psicografando...

29 de janeiro – Apresentei ao Sr. Leopoldo Cirne os frutos de meu trabalho. Dois livros assinados pelo Espírito Fílon. Um romance e um manual de meditações evangélicas. O Sr. Cirne pediu-me procurá-lo na semana próxima.

5 de fevereiro – Grande decepção! O Sr. Leopoldo Cirne falou-me francamente. Admite que eu esteja ludibriado. Reconhece as minhas qualidades mediúnicas, mas pede que eu estude, afirmando que os livros de Fílon são fracos. Acha que é cedo para eu pensar em publicação de livros, que devo amadurecer em conhecimento e experiência para colaborar seriamente com os bons Espíritos. Despedi-me, desapontado...

6 de Fevereiro – Procurei o dr. Guillon Ribeiro,[11] da Federação Espírita Brasileira, que me recebeu, cortês, em sua própria casa. Entreguei-lhe os meus originais mediúnicos, rogando opinião.

20 de fevereiro – Voltei ao dr. Guillon Ribeiro. Devolveu-me as mensagens, referindo-se, paternal, ao perigo das mistificações e à necessidade de critério, na apresentação de qualquer assunto espírita. Declarou que tenho promissora mediunidade, embora ainda muito verde, e asseverou que devo preparar-me à frente do futuro. Um rapaz, que se achava junto dele, falou em obsessão. Informou que um médium pode ser atacado, sem perceber, pela influência de Espíritos inferiores, assim como planta

---

[11] N.E.: Luiz Olímpio Guillon Ribeiro (1875–1943), nasceu em São Luís do Maranhão, foi engenheiro civil, jornalista e espírita brasileiro. Presidente da Federação Espírita Brasileira em 1920 e 1921, bem como de 1930 a 1943. Tradutor das obras básicas.

suscetível de ser assaltada por pragas silenciosas. Compreendi claramente que o moço me considerava obsidiado. Uma ofensa! Saí revoltado. Começo a desiludir-me...

4 de abril – Estou desolado. Ouvi hoje o Sr. Ignácio Bittencourt,[12] pela quarta vez numa semana. Já tenho quatro novos livros do Espírito Fílon, mas o Sr. Bittencourt, que os leu, está do "contra". Recomendou-me estudo. Deu-me conselhos. Parece que o homenzinho quer entrar em minha vida. Falou-me em reforma íntima, como se eu fosse um criminoso em regeneração...

6 de abril – Conversei com dona Retília, médium experiente, em casa de dona Francisca de Souza, depois de reunião familiar. Parece que ela me viu na conta de uma pessoa irresponsável, pois ofereceu-me longa lista de instruções, explicando que preciso reajustar-me. E falou também na necessidade do estudo...

8 de abril – Não aguento. Qualquer espírita que me encontra, em vez de ajudar-me, só me fala em estudo e discernimento, em discernimento e estudo... Serei alguma criança? Arre com tanta ponderação!... Se mediunidade é serviço em que devamos atender as exigências de todo mundo, não nasci para ser cachorro de ninguém! Todos os espíritas se julgam com direito de me advertir e reprovar!... Sou um homem sensível... Não posso mais!...

Via-se que o livro de notas fora abandonado por muitos anos. Entretanto, logo em seguida aos apontamentos mencionados, estava escrito em tinta fresca:

6 de setembro de 1959 – Ó amado Jesus, quero abraçar agora a luz da mediunidade de que desertei, há mais de trinta anos! Quero cumprir a minha tarefa, Senhor! Perdoa-me o tempo perdido. Dá-me algum tempo mais!... Preciso de mais

---

[12] N.E.: (1862–1943), nasceu em Portugal, muito moço emigrou para o Brasil. Espírita bastante popular na terra carioca, homem de bem e incansável trabalhador na seara cristã. Era médium receitista e curador.

tempo, Mestre! Socorre-me! Levanta-me as forças! Prometo servir à Verdade durante o resto de minha vida!...

Mas o veículo orgânico de Alfredo Lúcio não conseguira esperar pela concessão, pois, finda a nossa rápida leitura, mal tivemos tempo para ajudá-lo a sair do corpo, cujos olhos congestos se fecharam pesadamente para o sono da morte.

~ 19 ~
A casca de banana

Secundino renasceria entre os homens para socorrer crianças desamparadas, e, para isso, organizou-se-lhe grande missão no plano espiritual.

Deteria consigo determinada fortuna, a fortuna produziria trabalho, o trabalho renderia dinheiro e o dinheiro lhe forneceria recursos para alimentar, vestir e educar duas mil criaturinhas sem refúgio doméstico.

Atendendo à empreitada, Lizel, o instrutor desencarnado que o seguiria entre os homens, dar-lhe-ia, em tempo devido, o necessário suprimento de inspirações.

Estariam juntos, e Secundino, internado no corpo terrestre, assimilaria as ideias que o mentor lhe assoprasse.

A experiência começou, assim, promissora...

Da infância à mocidade, o tarefeiro parecia encouraçado contra a doença. Extravagante como ninguém, descia suarento, de vigoroso cavalo do sítio paterno, mergulhando no sorvete, sem qualquer choque orgânico, e ingeria frutos deteriorados, como se possuísse estômago de resistência invencível.

Em todas as particularidades da luta, contava com a afeição de Lizel, e, muito cedo, viu-se em contato com o amigo espiritual, que não só lhe aparecia em sonhos, como também por intermédio dos médiuns, com os quais entrasse em sintonia.

O benfeitor falava-lhe de crianças perdidas, pedia-lhe proteção para crianças sem rumo, rogava-lhe, indiretamente, a atenção para o noticiário sobre crianças ao desabrigo.

E tanto fez Lizel que Secundino planeou o grande cometimento.

Seria, sim, o protetor dos meninos desamparados... Entretanto, considerando as necessidades do serviço, pedia dinheiro em oração.

E o dinheiro chegou, abundante...

Ao influxo do amor providencial de Lizel, sentia-se banhado em ondas de boa sorte... Explorou a venda de manganês e ganhou dinheiro, negociou imóveis e atraiu dinheiro, comprou uma fazenda e fez dinheiro, plantou café e ajuntou dinheiro...

Começou, porém, a batalha moral.

Lizel falava em crianças e Secundino falava em ouro.

"Protegeria a infância desditosa" — meditava, convicto — "contudo, antes, precisava escorar-se, garantir a família, assegurar a tranquilidade e arranjar cobertura."

Casado, organizou fortuna para a mulher e para o pai, acumulou fortuna para os filhos e para o sogro, amontoou riquezas para noras e genros e, avô, adquiriu bens para os netos...

Porque tardasse demais na execução dos compromissos, a esfera superior entregou-o à própria sorte.

Apenas Lizel o seguia generoso. E seguia-o arrasado de sofrimento moral, assinalando-lhe a frustração.

Secundino viciara-se nos grandes lances da vantagem imediata e algemara-se francamente à ideia do lucro a qualquer preço.

Lembrava os antigos projetos como sonhos da mocidade...

Nada de assistência a menores abandonados, que isso era obra para governos... Queria dinheiro, respirava dinheiro, mentalizava novas rendas e trazia a cabeça repleta de cifras.

Lizel, apesar disso, acompanhava-o, ainda... Agoniava-se para que Secundino voltasse a pensar nos meninos sem ninguém... Ansiava por rever-lhe o ideal de outra época!... Tudo seria diferente se o pobre companheiro despertasse para as bênçãos do espírito!...

Aconteceu, no entanto, o inesperado.

Ao descer de luzido automóvel para estudar o monopólio do leite, Secundino não percebe pequena casca de banana estendida no chão.

Lizel assinala o perigo, mas suplica em vão o auxílio de outros amigos espirituais.

O negociante endinheirado pisa em cheio no improvisado patim, perdendo o equilíbrio em queda redonda.

Fratura-se a cabeça do fêmur e surge a internação no hospital; contudo, o coração cansado não corresponde aos imperativos do tratamento.

Aparece a cardiopatia, a flebite, a trombose e, por fim, a uremia...

No leito luxuoso, o missionário frustrado pensa agora nas criancinhas enjeitadas, experimentando o enternecimento do princípio... Chora. Quer viver mais tempo na Terra para realizar o grande plano. Apela para Deus e para Lizel, nas raias da morte...

Seu instrutor, ao notar-lhe o sentimento puro, chora também, tomado de alegria... No entanto, emocionado, consegue dizer-lhe apenas:

— Meu amigo!... meu amigo!... Agradeçamos ao Senhor e à casca de banana a felicidade do reequilíbrio!... Seu ideal voltou intacto, mas agora é tarde... Esperemos que o berço lhe seja de novo propício...

~ 20 ~
T.B.C

Na condição de Espírito, encantamo-nos com certo grupinho de companheiros encarnados que, frequentemente, se reuniam discutindo elevados assuntos do Espiritismo.

Leandro, Jonas e Samuel pareciam-nos três apóstolos da Grande Causa.

No decurso de cinquenta meses, encontrei-os, semanalmente, em agradável *tête-à-tête*,[13] anotando problemas da Humanidade.

Eram apontamentos valiosos à margem do Evangelho, recordações sublimes sobre o Cristo, observações sensatas acerca dos sensitivos que visitavam, altas questões sociais, notícias da mediunidade a repontar-lhes do ambiente doméstico, e impressões próprias de contato com os Espíritos, por intermédio dos sonhos que narravam, felizes...

Tanta simpatia inspiravam-me os três, que não vacilei apontá-los ao meu amigo Cantídio dos Santos, denodado mensageiro da luz entre a nossa pobre moradia, de companheiros dos homens encarnados, e a esfera superior.

---

[13] N.E.: em particular; face a face.

Não seria justo aproveitar a quem se evidenciava na posse de tanto conhecimento? Quem poderia prever a extensão da seara preciosa, capaz de surgir de semelhante conjunto?

Cantídio ouviu-me, atencioso, e prometeu providências.

Foi assim que conseguiu situar os três amigos, certa noite, num templo espírita, e, no momento aprazado, aí compareceu com Lismundo, respeitável orientador que vinha testar-lhes a decisão.

Senhoreando a engrenagem mediúnica, o emissário, com grave fisionomia temperada por larga dose de entendimento, começou a mensagem que encomendáramos, explanando sobre a magnitude do serviço espírita, que claramente classificou como um privilégio que o Senhor concede às criaturas amadurecidas na ideia do bem. Logo após, entrou diretamente no objetivo, convidando os circunstantes à atividade.

Por que não abraçarem compromissos edificantes no Cristianismo renascente? Acaso, não se sentiam prestigiados pela Verdade?

Jonas, Samuel e Leandro discorreram, brilhantemente, quanto às próprias convicções.

Porque o instrutor lhes estimulasse a exposição dos pontos de vista, falaram longamente das leituras que haviam efetuado. Exaltaram os princípios de Allan Kardec, louvaram as páginas de Denis,[14] desfiaram as pesquisas de Crookes[15] e Aksakof[16] e analisaram as conclusões de Bozzano[17] e Geley[18] com notável mestria.

---

[14] N.E.: Léon Denis (1846-1927), filósofo e pesquisador espírita francês, considerado o Apóstolo do Espiritismo.

[15] N.E.: William Crookes (1832-1919), célebre físico inglês, investigou diversos fenômenos espíritas, auxiliado pela médium Florence Cook e pelo Espírito Katie King.

[16] N.E.: Alexander Aksakof (1832-1903), filósofo e diplomata russo. Notabilizou-se na investigação e análise dos fenômenos espíritas. Autor de *Animismo e espiritismo*.

[17] N.E.: Ernesto Bozzano (1862-1943), pesquisador espírita italiano, estudou a metapsíquica e suas diversas áreas, como a telepatia e a clarividência.

[18] N.E.: Gustave Geley (1868-1924), psiquiatra francês, pesquisou o campo das materializações, estudou o ectoplasma e seus fenômenos.

Ao cabo de duas horas inteiras, em que se derramaram, contentes, no verbo luminoso e estuante, Lismundo lembrou, paciente, o impositivo do trabalho que lhes carreasse os tesouros na direção do próximo.

Era preciso rearticular corações doentes e levantar almas caídas...

O benfeitor atacou a nova argumentação, salientando a oportunidade de um agrupamento destinado à sementeira da luz. Uma casa de instrução e consolo, em que os necessitados de orientação e esperança encontrassem apoio moral. Um instituto em que a ideia espírita, por meio do livro nobre, distribuído com largueza de sentimento, pudesse esparzir renovação e conforto.

Os ouvintes, contudo, qual se fossem surpreendidos por ducha inesperada, entreolharam-se, transidos de susto.

Leandro acusou-se pejado de provações, Samuel declarou-se esmagado por lutas da parentela, e Jonas afirmou-se incapaz de responsabilidades maiores. E enquanto se tornavam monossilábicos e arredios, o embaixador prestimoso indicou vários setores de movimentação apostólica. Santuários espíritas de evangelização, devotamento mediúnico desse ou daquele teor, escolas diversas, hospitais, recolhimentos, creches, berçários e campanhas de benemerência foram alinhados pelo instrutor, durante mais de sessenta minutos consagrados à advertência e à ternura fraterna.

O trio, no entanto, mostrou-se irredutível.

Alegou-se a falta de tempo, a incompreensão do mundo, a imperfeição da alma, a perseguição dos Espíritos das trevas, os impedimentos físicos e o martírio familiar.

Quando os convites minuciosos e reiterados podiam ser tomados à conta de imprudência, Lismundo despediu-se.

E, novamente conosco, acalmou-me o desapontamento, explicando, bondoso:

— Não se aflija. Estamos à frente de companheiros filiados à T. B. C.; a experiência, contudo, é a mestra de todos... Voltaremos, assim, mais tarde.

Dito isso, regressou à sua residência na vida maior.

Intrigado, perguntei ao amigo que me esperava:

— T. B. C.? Que vem a ser isso?

Cantídio respondeu, a sorrir:

— T. B. C. representa a sigla da Turma da Boa Conversa, compreende?

Embora agoniado, não pude ocultar o riso franco.

Voltamo-nos, então, instintivamente, para os circunstantes, e os três amigos estavam entranhados de novo em palestra acalorada, comentando a mensagem do orientador de maneira chistosa, como se a palavra "responsabilidade" não existisse.

~ 21 ~
Religiões irmanadas

Comentávamos a conveniência de se irmanarem as religiões, em favor da concórdia no mundo, quando meu amigo Tertuliano da Cunha, desencarnado no Pará, falou entre brejeiro e sentencioso:

— Gente, é necessário pensar nisso com precaução. Ideia religiosa é degrau da Verdade e o discernimento varia de cabeça para cabeça. Exaltam vocês a excelência de larga iniciativa, em que os múltiplos templos sejam convocados à integração num plano único de atividade; entretanto, não será muito cedo para semelhante cometimento?

Porque a pergunta vagueasse no ar, o experiente sertanista piscou os olhos, sorriu malicioso e aduziu:

— Isso faz lembrar curiosa fábula que me foi relatada por velho índio, numa de minhas excursões no Xingu.

E contou:

— Reza uma lenda amazônica que, certa feita, a onça, muito bem-posta, surgiu na selva, imensamente transformada. Ela, que estimava a astúcia e a violência, nas correrias contra animais indefesos, escondia as garras tintas de sangue e dizia acalentar o propósito de reunir todos os bichos no caminho da paz. Declarava haver entendido, enfim, que Deus é o Pai de todas as criaturas e que seria aconselhável que todas o adorassem num só verbo de amor. Confessava os próprios erros. Reconhecia haver abusado da inteligência e da força. Despertara o terror e a desconfiança de todos os companheiros, quando era seu justo desejo granjear-lhes a simpatia e a veneração. Convertera-se, porém, a princípios mais elevados. Queria reverenciar o supremo Senhor, que acendera o Sol, distribuíra a água e criara o arvoredo, animada de intenções diferentes. Para isso, convidava os irmãos à unidade. Poderiam, agora, viver todos em perpétua harmonia, porquanto, arrependida dos crimes que cometera, aspirava somente a prestigiar a fé única. Renunciaria ao programa de guerra e dominação. Não mais perseguiria ou injuriaria a quem quer que fosse. Pretendia simplesmente estabelecer na floresta uma nova ordem, que a todos levasse a se prosternarem perante Deus, honrando a fraternidade. Solenizando o acontecimento, congraçar-se-ia a família do labirinto verde em grande furna, para manifestações de louvor à Providência divina. Macacos e cervos, lebres e pacas, tucanos e garças, patos e rãs, que oravam, em liberdade, a seu modo, escutaram o nobre apelo, mas duvidaram da sinceridade de tão alto discurso. Todavia, apareceram serpentes e raposas, aranhas e abutres, amigos incondicionais do ardiloso felídeo, aderindo-lhe ao brilhante projeto. E tamanhos foram os argumentos, que a bicharada mais humilde se comoveu, assentando, por fim, que era justo aceitar-se a proposta feita em nome do Pai altíssimo. Marcado o dia para a importante assembleia, todos se dirigiram para a loca escolhida, repentinamente transfigurada em santuário de flores. Quando a cerimônia ia a meio caminho, com as raposas servindo de locutoras para entreter os ouvintes, as serpentes deitaram silvos estranhos sobre os crentes pacatos, as aranhas teceram escura teia nos orifícios do antro, embaçando o ambiente, os abutres entupiram a porta de saída, e a onça, cruel, avançou sobre as presas desprevenidas, transformando a reunião em pavoroso repasto... E os bichos que sobraram foram escravizados na sombra, para banquete oportuno...

Nosso amigo fez longa pausa e ajuntou:

— A união de todos os credos é meta divina para o divino futuro, mas, por enquanto, a Terra ainda está fascinada pelo critério da maioria. Como vemos, é possível trabalhar pela conciliação dos religiosos de todas as procedências; no entanto, segundo anotamos, será preciso enfrentar a onça e os amigos da onça... Onde o melhor caminho para a melhor solução?...

Sorrimos todos, desapontados, mas não houve quem quisesse continuar o exame do assunto, após a palavra do engraçado e judicioso comentarista.

~ 22 ~
Pureza em branco

Quando Anésio Fraga deixou o corpo físico, ele, que fora sempre considerado puro entre os homens, atingiu a fronteira do mundo espiritual à semelhança de um lírio, tal a brancura de sua bela vestimenta.

Pretendia viver nas esferas superiores, respirar o clima dos anjos, alçar-se às estrelas e comungar a presença do Cristo — explicou ao agente espiritual que atendia ao policiamento da passagem para os excelsos planos da Espiritualidade.

O zeloso funcionário, contudo, embora demonstrasse profundo respeito para com a sua apresentação, submeteu-o a longo teste, findo o qual, não obstante desapontado, explicou que lhe não seria possível avançar.

Faltavam-lhe requisitos para maior ascensão.

— Eu? eu? — gaguejou Anésio, aflito. — Como pode ser isso? Fui na Terra um homem que observou todas as regras do Santo Caminho.

— Apesar de tudo... — falou o fiscal, reticencioso.

— Não me conformo, não me conformo! — reclamou o candidato à glória divina.

E sacando do bolso uma lista, exclamou agastado:

— Pensando na hipótese de alguma desconsideração, resumi em dez itens o meu procedimento irrepreensível no mundo.

E leu para o benfeitor calmo e atento:

— Respeitei todas as religiões.

"Cultivei o dom da prece.

"Acreditei no poder da caridade.

"Nunca aborreci os meus semelhantes.

"Confiei sempre no melhor.

"Calei toda palavra ofensiva ou desrespeitosa.

"Calculei todos os meus passos.

"Jamais procurei os defeitos do próximo.

"Evitei o contato com todas as pessoas viciadas.

"Vivi em minha casa preocupado em não ser percalço na estrada alheia."

O mordomo da grande Porta, no entanto, sorriu e comentou:

— Fraga, você leu as afirmações, esquecendo as demonstrações.

— Como assim?

O amigo paciente apanhou uma ficha e esclareceu que o plano espiritual possuía também apontamentos para confronto e solicitou-lhe a releitura da lista.

E seguiu-se curioso diálogo entre os dois.

Principiou Anésio:

— Respeitei todas as religiões...

E o examinador acentuou, conferindo as anotações:

— Mas não serviu a nenhuma.

— Cultivei o dom da prece...

— Somente em seu próprio favor.

— Acreditei no poder da caridade...

— Todavia, não a praticou.

— Nunca aborreci os meus semelhantes...

— Entretanto, não auxiliou a quem quer que fosse.
— Confiei sempre no melhor...
— Mas apenas em seu benefício.
— Calei toda palavra ofensiva ou desrespeitosa...
— Não se lembrou, porém, de falar aquelas que pudessem amparar os necessitados de consolo e esperança.
— Calculei todos os meus passos...
— Para não ser molestado.
— Jamais procurei os defeitos do próximo...
— Contudo, não lhe aproveitou os bons exemplos.
— Evitei o contato com todas as pessoas viciadas...
— Atendendo ao comodismo.
— Vivi em minha casa preocupado em não ser percalço na estrada alheia...
— Simplesmente para não ser chamado à tarefas de auxílio...

Anésio, desencantado, silenciou, mas o benfeitor esclareceu, sem afetação:

— Meu amigo, meu amigo! Não basta fugir ao mal. É preciso fazer o bem. Você movimenta-se em branco, veste-se em branco, calça em branco e brilha em branco, mas a sua existência na Terra passou igualmente em branco... Volte e viva!

Angustiado, Anésio perdeu o próprio equilíbrio e rolou da Altura na direção da Terra...

~ 23 ~
Eles viverão

Onze anos após a crucificação do Mestre, Tiago, o pregador, filho de Zebedeu, foi violentamente arrebatado por esbirros do Sinédrio, em Jerusalém, a fim de responder a processo infamante.

Arrancado ao pouso simples, depois de ordem sumária, ei-lo posto em algemas, sob o sol causticante.

Avançando ao pé do grande templo, na mesma praça enorme em que Estêvão achara o extremo sacrifício, imensa multidão entrava-lhe a jornada.

Tiago, brando e mudo, padece escarnecido.

Declaram-no embusteiro, malfeitor e ladrão.

Há quem lhe cuspa no rosto e lhe estraçalhe a veste.

— "À morte! à morte!..."

Centenas de vozes gritam inesperada condenação, e Pedro, que de longe o segue, estarrecido, fita o irmão desditoso, a entregar-se humilhado.

O antigo pescador e aprendiz de Jesus é atado a grande poste e, ali mesmo, sob a alegação de que Herodes lhe decretara a pena, legionários do povo passam-no pela espada, enquanto a turba estranha lhe apedreja os despojos.

Simão chora sozinho, ao contemplar-lhe os restos, voltando, logo após, para o seu humilde refúgio.

Depois de algumas horas, veio a noite envolvente acalentar-lhe o pranto.

De rústica janela, o condutor da casa inquire do céu imenso, orando com fervor.

Por que a tempestade? Por que a infâmia soez? O pobre amigo morto era justo e leal...

Incapaz de banir a ideia de vingança, Pedro lembra os algozes em revolta suprema.

Como desejaria ouvir o Mestre agora!... Que diria Jesus do terrível sucesso?!...

Neste instante, levanta os olhos lacrimosos, observa que o Cristo lhe surge, doce, à frente.

É o mesmo companheiro de semblante divino.

Ajoelha-se Pedro e grita-lhe:

— Senhor! Somos todos contados entre os vermes do mundo!... Por que tanta miséria a desfazer-se em lama? Nosso nome é pisado e o nosso sangue verte em homicídio impune... A calúnia feroz espia-nos o passo...

E talvez porque o mísero soluçasse de angústia, o Mestre aproximou-se e disse com carinho, a afagar-lhe os cabelos:

— Esqueceste, Simão? Quem quiser vir a mim carregue a própria cruz...

— Senhor! — retrucou, em lágrimas, o Apóstolo abatido — não renego o madeiro, mas clamo contra os maus... Que fazer de Joreb, o falsário infeliz, que mentiu sobre nós, de modo a enriquecer-se? Que castigo terá esse inimigo atroz da Verdade divina?

E Jesus respondeu sereno, como outrora:

— Jamais amaldiçoes... Joreb vai viver...

— E Amenab, Senhor? Que punição a dele, se armou escuro laço, tramando-nos a perda?

— Esqueçamo-lo em prece, porque o pobre Amenab vai viver igualmente...

E Joachim ben Mad? Não foi ele, talvez, o inspirador do crime? O carrasco sem fé que a todos atraiçoa? Com que horrenda aflição pagará seus delitos?

— Foge de condenar, Joachim vai viver...

— E Amós, o falso Amós, que ganhou por vender-nos?

— Olvidemos Amós, porque Amós vai viver...

— E Herodes, o rei vil, que nos condena à morte, fingindo ignorar que servimos a Deus?

Mas Jesus, sem turvar os olhos generosos, explicou simplesmente:

— Repito-te, outra vez, que quem fere, ante a Lei será também ferido... A quem pratica o mal, chega o horror do remorso... E o remorso voraz possui bastante fel para amargar a vida... Nunca te vingues, Pedro, porque os maus viverão e basta-lhes viver para se alçarem à dor da sentença cruel que lavram contra eles mesmos...

Simão baixou a face banhada de pranto, mas ergueu-a em seguida, para nova indagação...

O Senhor, entretanto, já não mais ali estava. Na laje do chão só havia o silêncio que o luar renascente adornava de luz...

~ 24 ~
O anjo, o santo e o pecador

O pecador escutava a orientação de um santo, que vivia genuflexo, à porta de templo antigo, quando, junto aos dois, um anjo surgiu na forma de homem, travando-se breve conversação entre eles.

O **anjo** — Amigos, Deus seja louvado!

O **santo** — Louvado seja Deus!

O **pecador** — Louvado seja!

O **anjo** (Dirigindo-se ao santo) — Vejo que permaneceis em oração e animo-me a solicitar-vos apoio fraternal.

O **santo** — Espero o Altíssimo em adoração, dia e noite.

O **anjo** — Em nome dele, rogo o socorro de alguém para uma criança que agoniza num lupanar.

O **santo** — Não posso abeirar-me de lugares impuros...

O **pecador** — Sou um pobre penitente e posso ajudar-vos, senhor.

O **anjo** — Igualmente, agora, desencarnou infortunado homicida, entre as paredes do cárcere... Quem me emprestará mãos amigas para dar-lhe sepulcro?

O santo — Tenho horror aos criminosos...

O pecador — Senhor, disponde de mim.

O anjo — Infeliz mulher embriagou-se num bar próximo. Precisamos removê-la, antes que a morte prematura lhe arrebate o tesouro da existência.

O santo — Altos princípios não me permitem respirar no clima das prostitutas...

O pecador — Dai vossas ordens, senhor!

O anjo — Não longe daqui, triste menina, abandonada pelo companheiro a quem se confiou, pretende afogar-se... É imperioso lhe estenda alguém braços fortes para que se recupere, salvando-se-lhe também o pequenino em vias de nascer.

O santo — Não me compete buscar os delinquentes senão para corrigi-los.

O pecador — Determinai senhor, como devo fazer.

O anjo — Um irmão nosso, viciado no furto, planeja assaltar, na presente semana, o lar de viúva indefesa... Necessitamos do concurso de quem o dissuada de semelhante propósito, aconselhando-o com amor.

O santo — Como descer ao nível de um ladrão?

O pecador — Ensinai-me como devo falar com ele.

Sem vacilar, o anjo tomou o braço do pecador prestativo e ambos se afastaram, deixando o santo em meditação, chumbado ao solo.

Enovelaram-se anos e anos na roca do tempo, que tudo alterara. O átrio mostrava-se diferente. O santuário perdera o aspecto primitivo e a morte despojara o santo de seu corpo macerado por cilício e jejum, mas o crente imaculado aí se mantinha em Espírito, na postura de reverência.

Certo dia, sensibilizando mais intensamente as antenas da prece, viu que alguém descia da Altura, a estender-lhe o coração em brando sorriso.

O santo reconheceu-o.

Era o pecador, nimbado de luz.

— Que fizeste para adquirir tanta glória? — perguntou-lhe, assombrado.

O ressurgido, afagando-lhe a cabeça, afirmou simplesmente:

— Caminhei.

~ 25 ~
Surpresa

Se alguém de outra vida pudesse materializar-se aos meus olhos — dizia Germano Parreira, em plena sessão no próprio lar —, decerto que a minha fé seria maior... Um ser de outro planeta que me obrigasse a pensar... Tanta gente se reporta a visões dessa natureza! Entretanto, semelhantes aparições não passam do cérebro doentio que as imagina. Quero algo de evidente e palpável. Creio estarmos no tempo da elucidação positiva...

Ouvindo-o, o irmão Bernardo, mentor espiritual da reunião, que senhoreava as energias mediúnicas, aventou sorridente:

— Você deseja, então, espetacular manifestação de Cima... Alguém que caia das nuvens à feição de um paraquedista do Espaço, em trajes fantasmagóricos, usando idioma incompreensível... um itinerante de outras constelações, cuja inopinada presença talvez ocasionasse enorme porção de mal, ao invés do bem que deveria trazer...

— Não, não é tanta a exigência — aduziu Parreira, desapontado. — Bastaria um ser materializado na forma humana, sem a descida visível do firmamento. Não será preciso que essa ou aquela entidade se converta em bólide para acentuar-me a convicção. Poderia surgir em nossa intimidade doméstica, sem qualquer passe de mágica, revelando-se no lar fechado em que antes não existia, a mostrar-se igual a nós outros, sendo, contudo, estranho ao nosso conhecimento...

— No entanto, sabe você que toda concessão envolve deveres justos. Um Espírito, para materializar-se na Terra, solicita meios e condições. Imaginemos que a iniciativa transformasse o hóspede suspirado numa criatura doente e débil, requisitando cuidado, até que pudesse exprimir-se com segurança. Incumbir-se-ia você de auxiliar o estrangeiro, acalentando-o com tolerância e bondade, até que venha a revelar-se de todo? Estaria disposto a sofrer-lhe as reclamações e as necessidades, até que se externe robusto e forte?

— Oh! isso mesmo. Perfeitamente!... — gritou Parreira, maravilhado. — Contemplar um Espírito assim, de modo insofismável, sem que eu lhe explique a existência no mecanismo oculto, consolidaria, sem dúvida, a riqueza de minha fé na imortalidade. Isso é tudo quanto peço, tudo, tudo...

Bernardo sorriu, filosoficamente, e acrescentou:

— Mas, Parreira, isso é acontecimento de todo dia e tal manifestação é recente sob o teto que nos acolhe. Ainda agora, na quinzena passada, você recebeu semelhante bênção, asilando no próprio lar um viajante de outras esferas, com a obrigação de ajudá-lo até que se enuncie sem vacilação de qualquer espécie... Esse gênio bondoso e amigo corporificou-se quase em seus braços. Bateu-lhe à porta, que você abriu generosamente. Entrou. Descansou. Permaneceu. E, ainda agora, ligado a você, espera por seu carinho e devotamento, a fim de atender plenamente à própria tarefa...

— Como assim? Como assim? — irrompeu Germano, incrédulo. — Nada vi, nada sei, não pode ser...

Mas o benfeitor espiritual, controlando o médium, ergueu-se a passo firme e, demandando aposento próximo, de lá regressou, trazendo leve fardo.

Ante a surpresa dos circunstantes, Bernardo depositou-o com respeitosa ternura no regaço do amigo que ainda argumentava.

Parreira desenovelou curiosamente o pequenino volume e, entre aflito e espantado, encontrou, em plácido sono de recém-nato, o corpo miúdo e quente do próprio filho...

~ 26 ~
O segredo da juventude

Formoso Anjo da Justiça, na balança do tempo, recebia pequena multidão de Espíritos recém-desencarnados da Terra.

Eram todos eles pessoas maduras, sobre as quais o ministro da Lei deveria emitir um juízo rápido, como introdução a mais ampla análise, assim como um magistrado terreno que, na fase inicial de um processo, pode formular um despacho saneador.

Velhos gotosos e dementados, abatidos e caquéticos, demonstrando evidentes sinais de angústia, congregavam-se ali, guardando os característicos das enfermidades que lhes haviam marcado o corpo.

Muitos choravam à feição de crianças medrosas, outros comprimiam o coração com a destra enrijecida, ao passo que muitos outros se erguiam com imensa dificuldade, arrastando-se, trêmulos...

As sensações da carne ferreteavam-lhes o íntimo, detendo-lhes o ser nas amargas recordações que traziam do mundo.

Conduzidos a exame, sob a custódia de benfeitores abnegados, acusavam essa ou aquela diferença para melhor, recebendo uma ficha explicativa para o início das novas tarefas que os aguardavam no plano espiritual .

Agora, era um psicopata recobrando a lucidez; depois, era um hemiplégico retomando o equilíbrio...

Entretanto, os traços da velhice corpórea perseveravam quase intactos, exigindo, decerto, longo tempo na vida nova para serem devidamente desintegrados.

Em derradeiro lugar, no entanto, aproximou-se do Anjo pobre velhinha, humilde e triste.

Os cabelos de prata e as rugas que lhe desfiguravam o rosto denunciavam-lhe aproximadamente 80 anos de luta física.

Trazida, contudo, à grande balança, oh! divina surpresa!... De anotação em anotação, fazia-se mais jovem, até que, abençoada pelo sorriso do aferidor angélico, a estranha anciã converteu-se em bela menina e moça, nos 20 anos primaveris.

Toda a assembleia vibrou de felicidade, ante o quadro inesquecível.

Intrigado, abeirei-me de antigo orientador e perguntei pela razão da inesperada metamorfose.

O esclarecido mentor pediu a ficha da celestial criatura, para socorro de minha ignorância, e, na folha branca e leve, pude ler admirado:

Nome – Leocádia Silva.

Profissão – Educadora.

Existência Terrestre – 701.280 horas.

Aplicação das horas:

Serviço de autoassistência para a justa garantia no campo da evolução:

1 – Mocidade laboriosa 175.200

2 – Magistério digno 65.700

3 – Alimentação e higiene 43.800

4 – Estudo proveitoso e atividades religiosas. . . . 41.900
5 – Repouso necessário ao refazimento. 109.500

Serviço extra, completamente gratuito, em favor do próximo:

1 – Devotamento aos necessitados 85.100
2 – Movimentação fraterna
　　em missões de auxílio. 32.840
3 – Noites de vigília
　　em solidariedade aos enfermos. 33.000
4 – Conversação sadia
　　no amparo moral genuíno 54.750
5 – Variadas tarefas de caridade 59.490

Total – horas 701.280

— Compreendeu? — disse-me o orientador, sorridente. E, ante o meu insopitável assombro, concluiu:

— Quem dá o seu próprio tempo, a benefício dos outros, não conta tempo na própria idade, no sentido de envelhecer. Leocádia cedeu todas as suas horas disponíveis no socorro aos irmãos do mundo. Os dias não lhe pesam, assim, sobre os ombros da alma...

Meu interlocutor afastou-se, lépido, para felicitar a heroína, e, contemplando, enlevado, o semblante radioso do Mensageiro sublime que presidia à grande reunião, compreendi o motivo pelo qual os anjos do Amor divino revelam em si a suprema beleza da juventude eterna.

~ 27 ~
Na vinha do Senhor

Instalado na casa modesta que seria, mais tarde, em Jerusalém, o primeiro santuário dos apóstolos, Simão Pedro refletia...

Recordava Jesus, em torno de quem havia sempre abençoado trabalho a fazer.

Queria ação, suspirava por tarefas a realizar e, por isso, orava com fervor.

Quando mais ardentes se lhe derramavam as lágrimas, com as quais suplicava do Céu a graça de servir, eis que o Mestre lhe surge à frente, tão compassivo e sereno como nos dias inolvidáveis em que se banhavam juntos na mesma luz das margens do Tiberíades...

— Senhor! — implorou Simão — aspiro a estender-Te as bênçãos gloriosas!... Deixei o lago para seguir-Te! Disseste que nos farias pescadores de almas!... Quero atividade, Senhor! quero testemunhar a divina missão do Teu Evangelho de amor e luz!...

E porque o celeste Visitante estivesse a fitá-lo em silêncio, Pedro acrescentou com a voz encharcada de pranto:

— Quando enviarás Teu serviço às nossas mãos?

Entreabriram-se de manso os lábios divinos e o Apóstolo escutou, enquanto Jesus se fazia novamente invisível:

— Amanhã... amanhã...

O antigo pescador, mais encorajado, esperou o dia seguinte.

Aguardando o mandato do eterno Benfeitor, devotou-se à limpeza doméstica, desde o nascer do sol, enfeitando a sala singela com rosas orvalhadas do amanhecer.

Enlevado em doce expectativa, justamente quando se dispunha à refeição matutina, ensurdecedora algazarra atinge-lhe os ouvidos.

A porta singela, sob murros violentos, deixa passar um homem seminu, de angustiada expressão, enquanto lá fora bramem soldados e populares, sitiando o reduto.

O recém-chegado contempla Simão e roga-lhe socorro.

Tem lágrimas nos olhos e o coração lhe bate descompassado no peito.

O anfitrião reconhece-o.

É Joachaz, o malfeitor.

De longo tempo, vem sendo procurado pelos agentes da ordem.

Exasperado, Pedro responde, firme:

— Socorrer-te por quê? não passas de ladrão contumaz...

E, de ouvidos moucos à rogativa, convoca os varapaus, entregando o infeliz, que, de imediato, foi posto a ferros, a caminho do cárcere.

Satisfeito consigo mesmo, o Apóstolo colocava a esperança na obra que lhe seria concedido fazer, quando, logo após, perfumada liteira lhe entregou à presença triste mulher de faces maceradas a contrastarem com a seda custosa em que buscava luzir.

Pedro identificou-a.

Era Júnia, linda greco-romana que em Jerusalém se fazia estranha flor de prazer.

Estava doente, cansada.

Implorava remédio e roteiro espiritual.

O dono da casa, porém, gritou resoluto:

— Aqui, não! O teu lugar é na praça pública, onde todos te possam lançar em rosto o desprezo e a ironia...

A infortunada criatura afastou-se, enxugando os olhos, e Pedro, contente de si próprio, continuou esperando a missão do dia.

Algo aflito, ao entardecer, notou que alguém batia, insistente, à porta.

Abriu, pressuroso, caindo-lhe aos pés o corpo inchado de Jarim, o bêbado sistemático, que, semi-inconsciente, pedia refúgio contra a malta de jovens cruéis que o apedrejavam.

Pedro não vacilou.

— Borracho! Infame! — vociferou revoltado — não ofendas o recinto do Mestre com o teu vômito!...

E, quase a pontapés, expulsou-o sem piedade.

Caiu a noite imensa sobre a cidade em extrema secura.

Desapontado, ao repetir as últimas preces, Simão meditava diante de tocha bruxuleante, quando o Mestre querido se destacou da névoa...

— Ah! Senhor! — clamou Pedro, chorando — aguardei todo o dia, sem que me enviasses a prometida tarefa!...

— Como não? — disse o Mestre, em tom de amargura. — Por três vezes roguei-te hoje cooperação sem que me ouvisses...

E ante a memória do companheiro que recordava e compreendia tardiamente, Jesus continuou:

— De manhã, enviei-te Joachaz, desventurado irmão nosso mergulhado no crime, para que o ajudasses a renovar a própria existência, mas devolveste-o à prisão... Depois do meio-dia, entreguei-te Júnia, pobre irmã demente e doente, para que a medicasses e esclarecesses, em meu nome; contudo, condenaste-a ao vilipêndio e ao sarcasmo... À noitinha, mandei-te Jarim, desditoso companheiro que o vício ensandece; no entanto, arremeteste contra ele os próprios pés...

— Senhor! — soluçou o Apóstolo — grande é a minha ignorância e eu não sabia... Compadece-te de mim e ajuda-me com a tua orientação!...

Jesus afagou-lhe a cabeça trêmula e falou generoso:

— Pedro, quando quiseres ouvir-me, lembra-te de que o Evangelho tem a minha palavra...

Simão estendeu-lhe os braços, desejando retê-lo junto do coração, mas o Cristo sublime como que se ocultava na sombra, escapando-lhe à afetuosa carícia...

Foi então que o ex-pescador de Cafarnaum, cambaleando, buscou os apontamentos que trazia consigo e, abrindo-os ao acaso, encontrou o versículo 12, do capítulo 9 das anotações de Mateus, em que o Mestre da Vida assevera convincente:

— "Os sãos não precisam de médico, mas sim os doentes".

~ 28 ~
Exame de fé

Certo homem que passou a destacar-se dos outros, evidenciando largo entendimento de fraternidade e de fé, a par de grande compreensão, atribuía a Deus a propriedade de todos os bens da vida.

Acabara de construir o lar, iniciando a formação da sua família, e associava-se, com toda a alma, a empreendimentos religiosos, tanto quanto lhe era possível.

Em semelhantes iniciativas, começou a ensinar a fidelidade ao Senhor supremo, compondo discursos admiráveis em que comentava a excelência da confiança no Céu.

— Deus — dizia ele, convicto —, Deus é o Criador de todo o Universo e, por isso mesmo, é o Dono de tudo e de tudo somos simples usufrutuários em seu nome. Almas, constelações e mundos lhe pertencem por toda a parte. Recebemos por empréstimo santo de sua Infinita bondade, o berço em que nascemos, o lar que nos acolhe, as afeições do mundo, o conforto e a alegria...

A palavra dele inflamava imenso fervor nos ouvintes, que passavam a refletir com segurança sobre a grandeza do Amor divino. E tão grande se fez a sua influência que o Senhor, sensibilizado com tamanhas demonstrações de fé, enviou à Terra alguns mensageiros para lhe examinarem a verdadeira posição.

Os referidos instrutores começaram permitindo que a maledicência e a calúnia lhe amargassem a vida.

O herói da lealdade padeceu golpes terríveis que lhe enodoaram a dignidade, mas atribuiu todos os percalços do caminho a manifestações indiretas da Celeste bondade e acabou exclamando, sinceramente:

— Meu nome pertence a Deus. Que Deus seja louvado!

Os emissários que o seguiam, observando-lhe a firmeza, deixaram que a perseguição gratuita lhe envolvesse o roteiro; no entanto, o ódio injustificável como que lhe acendeu a confiança. Entre nuvens de sofrimento, o devoto concluiu que o ideal da perfeição é fruto da Magnanimidade divina e afirmou convencido:

— O bem é obra do Senhor! Louvado seja o Senhor!

Os aludidos educadores concordaram em que fosse ele experimentado pela incompreensão e o pupilo da fé se viu envolvido de aflição e ridículo, sentindo-se dilacerado e sozinho no seio do próprio lar. Contudo, reconhecendo que todo apreço e toda estima devem ser erigidos essencialmente ao Criador, asseverou, conformado:

— Toda a glória deve ser dada ao Pai que está nos céus!... Louvado seja o Pai que está nos céus!

Os examinadores em lide decidiram que a enfermidade lhe visitasse o corpo, e o amigo da prece foi relegado ao leito em extrema penúria física; todavia, em meio da própria angústia, reparou que seu corpo era um depósito do Todo-Compassivo e disse imperturbável:

— Meu corpo é um empréstimo do Todo-Poderoso. Que o Todo-Poderoso seja louvado!...

Continuaram os enviados celestes no campo da experiência e o homem de fé resistiu valoroso, superando amargura e desolação, tristeza e necessidade...

Porque um dia recolhesse ele a presença da morte na pessoa de um dos filhos, acatando, submisso, a Vontade celestial, os mensageiros da esfera superior endereçaram ao Pai sublime, por intermédio de canais competentes, conciso relatório sobre a lealdade inflexível do crente valoroso que se encontrava na Terra...

Logo após, receberam ordem expressa da Casa do Senhor para que lhe entregassem grande quantidade de ouro, como suprema prova de obediência.

O homem recebeu a dádiva generosa, sob a aparência de um negócio feliz, e entregou-se ao conforto da nova situação.

Parecia anestesiado, quando orava, e ébrio de alegria em todos os movimentos.

Decorrido algum tempo, os instrutores espirituais trouxeram-lhe um companheiro em dificuldade, que lhe implorou, humilhado e triste:

— Meu amigo, tenho quatro filhos doentes e venho pedir-lhe, em nome de Deus, por empréstimo, algum dinheiro para solucionar meus problemas. Espero resgatar minha dívida em dois ou três meses...

Ante o silêncio do interpelado, reiterou quase em pranto:

— Socorra-me por amor ao nosso Pai de bondade!...

Mas, com indisfarçável espanto, os professores divinos ouviram-no dizer, impassível e entediado:

— Não posso, não posso!... Meu dinheiro é um patrimônio que custei muito a ganhar.

~ 29 ~
O escriba incrédulo

Descansava Jesus em casa de Igorin, o curtidor, no vilarejo de Dalmanuta, quando Joab, escriba em Cesareia, partiu à procura dele, em companhia de Zebedeu, pai de Tiago e João, que lhe devotava imensa estima.

Enquanto caminhava, depois de largada a barca, o amigo da cidade, que jamais contemplara o doce Nazareno, falava compungido de mágoas que sofrera.

Sentia-se doente, em suprema revolta.

Desejava escutar o verbo do Senhor para certificar-se quanto à própria conduta.

Dizia-se crivado de injustiça e calúnia.

Permutavam, assim, impressões espontâneas e afetuosas quando o lar de Igorin lhes surgiu pela frente, ao longe.

Ao redor do tugúrio, congregavam-se enfermos, avultando, entre eles, um homem maduro e esbelto a gritar, estentórico, e que, guardado à pressa, excluiu-se do quadro, desafiando, assim, a curiosidade de ambos os viajores.

No átrio da casa pobre, indaga Zebedeu de uma velha aleijada quem era aquele mísero, e informa-lhe a anciã que se tratava de um louco infeliz à procura do Mestre.

Nisso, Tiago e Pedro aparecem de chofre e dizem que Jesus pretendia ausentar-se para a prece nos montes.

Joab, ouvindo isto, penetra sozinho pela casa, e encontra em quarto humilde o Cristo generoso, meditando em silêncio.

— Mestre! — clama, chorando, depois de confortado às saudações primeiras — tenho o peito dorido e o pensamento em fogo, humilhado que estou por injúrias atrozes. Feriram-me, Senhor, enodoando-me o nome e furtando-me o pão... Que fazer ante o mal que me ataca, insolente? De que modo portar-me, perante os inimigos que me cobrem de lodo?

— Perdoa, filho meu! — disse o Amigo celeste.

— Senhor, como esquecer malfeitores e ingratos?

— Anotando-lhes sempre a condição de enfermos.

— Enfermos? Como assim, se perseguem matando?

— Não procederiam desse modo se não fossem dementes.

— Mestre — insistiu Joab —, convém esclarecer que os meus adversários são ladrões perigosos...

— São, pois, mais infelizes...

— Infelizes por quê? Se têm casas faustosas e terras florescentes?

— Todavia, amanhã descerão ao sepulcro, abandonando o furto a mãos que desconhecem...

— Entretanto, Senhor, sem qualquer razão justa, eles querem prender-me...

— Não importa, meu filho, pois todo delinquente está preso em si mesmo às algemas da treva.

— Mestre! Mestre! Ainda assim, espreitam-me igualmente em tocaia sinistra, prelibando-me a morte, todos eles armados de punhais assassinos!...

— Perdoa e ora por eles — disse o Cristo, sereno —, porque é da eterna Lei que a justiça se faça... Todo aquele que fere será também ferido...

O escriba, em desespero, ajuntou lacrimoso:

— Senhor, estou sozinho, despojado de tudo... Iludiram-me a esposa e roubaram-me os filhos... Acusado sem culpa, o cárcere me espera; venerei sempre as leis, guardando-lhes os princípios e toda a minha dor nasce da sombra hostil da infâmia que me cerca! Que fazer, Benfeitor, ante as garras da lama?

— Filho, perdoa sempre, olvida todo mal e faze todo o bem, porque somente o bem é luz que não se apaga...

Incapaz de conter o assombro que o traía, Joab esgueirou-se de soslaio, perguntando lá fora aos amigos surpresos:

— Dizei-me, por favor, onde acharei o Mestre Jesus? Quero Jesus para ouvir-lhe a palavra!...

O escriba renitente conservava a impressão de ter ouvido o louco que avistara ao chegar àquela casa, e não o próprio Cristo...

~ 30 ~
Candidato à redenção

Integrado nos fluidos comburentes a se lhe derramarem da própria alma, o Espírito desditoso, com sede de esquecimento no corpo de carne, pedia em pranto:

— Senhor, por piedade, concedei-me a graça de renascer no planeta físico! Percebo agora a extensão de meus débitos e a enormidade de meus crimes! Feri vossa Lei, espalhando miséria e destruição!... E sofro, Senhor, por desleixo meu, o resultado de minha imprevidência delituosa! Trago em minhas entranhas o inferno que acendi em mim mesmo!... Ó Benfeitor da eternidade, conduzi-me, de novo, à escola da Terra, a fim de que eu possa, por algum tempo, olvidar minhas horrendas feridas... Dai-me o câncer, a lepra ou outra enfermidade, Senhor, em cuja virulência bendita expungirei de meu ser o veneno da culpa! Encarcerai-me num corpo paralítico em cuja armadura ressecada eu consiga olvidar o pretérito, regenerando os meus infelizes pensamentos! Entregai-me às provas da idiotia, em que me redima, detende meu Espírito arrependido num leito de chagas terrestres em cujos tormentos acrisole o coração entenebrecido no desespero! Dai-me o aleijão, a cegueira, a epilepsia, a forma torturada, a fome e a nudez, mas ajudai-me a renascer no mundo com a graça do esquecimento!...

Nisso, quando mais comoventes se lhe faziam as lágrimas, comparece junto dele benemérito amigo espiritual, que lhe diz, bondoso:

— Acalma-te, meu irmão! Tuas súplicas foram ouvidas! A divina Bondade conferir-te-á nova bênção no campo dos homens... Não precisarás, porém, recorrer à morfeia, à imobilidade, ao pênfigo ou à mutilação para o resgate das tuas dívidas... Afirma-nos o Senhor: "misericórdia quero, não sacrifício".... Voltarás ao mundo em berço acolhedor e servirás ao Espiritismo, com Jesus, na condição de médium amigo da redenção... Aprenderás que o amor cobre a multidão de nossos pecados e afeiçoar-te-ás ao bem de todos, buscando no bem de todos a luz de teu próprio bem!...

Enlevado com a promessa, o mísero bradou, esperançoso e desafogado:

— Louvada seja a bondade Infinita de Deus! Oh! sim, cultivarei o serviço aos meus semelhantes na concessão com que o Céu me agracia! Saberei usar a benevolência em todos os lances da luta! Abraçarei os humildes e compreenderei os orgulhosos para ajudá-los com amor! Tolerarei sem revolta flagelações e calúnias, consagrar-me-ei ao desprendimento das posses materiais! Respirarei na Terra, mentalizando a Compaixão celeste para saber auxiliar sem recompensa e entender sem exigir! Sim! serei médium e sofrerei amando, como Jesus nos amou!...

Recolhido a grande hospital de socorro, a breve tempo conseguia habilitar-se para o novo renascimento.

Mergulhado em rendas de ilimitado carinho, ressurgiu num corpo abençoado e perfeito, em lar simples e generoso que o acariciou com alegrias puras, qual santuário que o preparasse na direção de uma festa de luz.

Foi assim que, alcançando a maioridade corpórea, o candidato ao serviço do bem foi conduzido naturalmente à província de trabalho em que lhe competia a execução dos votos que formulara.

Entretanto, ao contato inicial com as bênçãos da tarefa, sentiu que a dúvida e a irritação lhe visitavam o campo íntimo.

Em toda parte, surpreendia incompreensão e discórdia, censura e suspeita constantes...

Amedrontado perante a luta que se esboçava feroz, pediu, certa feita, numa sessão de fraternidade e intercâmbio, a orientação do benfeitor espiritual que o ajudava no templo espírita em que se lhe sediavam as esperanças primeiras, e, tão logo saudado pelo instrutor, rogou compungidamente:

— Que fazer, meu amigo, diante das sombras que me entravam os movimentos?

— Perdoa e ajuda, meu filho — respondeu-lhe o mensageiro benevolente.

— E quando alguém me crive de calúnia e maldade?

— Ajuda e perdoa para que a luz do entendimento se faça vitoriosa.

— E a desconfiança? Como agir perante as criaturas que me experimentam com aspereza e sarcasmo?

— Perdoa e ajuda, aguardando o tempo.

— E as pessoas cruéis que me procuram, tocadas de más intenções, à maneira do animal que se sacia nas águas de um poço, agitando o lodo que lhe dorme no seio?

— Ajuda e perdoa para que se renovem um dia...

— Sofro com as mistificações que, por vezes, me assaltam... Como proceder diante daqueles que me ensombram a inspiração, compelindo-me ao desencanto?

— Perdoa e ajuda sem repousar, recebendo em tais lições do caminho o justo apelo à tua construção de humildade... De quando em quando, a mistificação auxiliar-te-á a entender que os talentos do Alto não te pertencem, ensinando-te o respeito ante a Bondade celestial.

— Vejo-me cercado pela exigência daqueles que me interpretam à conta de malfeitor, solicitando-me as horas para o resvaladouro do crime... Como tratá-los na rota de minha fé?

— Perdoa e ajuda sempre.

— Mas de que modo agir com ignorantes e ingratos, com as raposas da astúcia e com os lobos da crueldade que pretendem senhorear minhas forças?

— Ajuda e perdoa constantemente.

— Ainda mesmo quando não me desculpem as fraquezas e não me auxiliem na solução das próprias necessidades?

— Sim, meu filho — acentuou o benfeitor —, é imprescindível ajudar e perdoar sem descanso.

Levantou-se o consulente para a despedida, e após o encerramento da reunião, com fervorosa prece, o candidato à mediunidade que pedira o câncer e a lepra, a cegueira e a mutilação, a paralisia e o infortúnio, para ressarcir o passado delituoso, retirou-se da casa e ninguém mais o viu.

~ 31 ~
A campanha da paz

Estabelecidos em Jerusalém, depois do Pentecostes,[19] os discípulos de Jesus, sinceramente empenhados à obra do Evangelho, iniciaram as campanhas imprescindíveis às realizações que o Mestre lhes confiara.

Primeiro, o levantamento de moradia que os albergasse.

Entremearam possibilidades, granjearam o apoio de simpatizantes da causa, sacrificaram pequenos luxos, e o teto apareceu, simples e acolhedor, no qual os necessitados passaram a receber esclarecimento e consolação, em nome do Cristo.

Montada a máquina de trabalho, viram-se defrontados por novo problema. As instalações demandavam expressivos recursos. Convocações à solidariedade se fizeram ativas. Velhos cofres foram abertos, canastras rojaram-se de borco, entornando as derradeiras moedas, e o lar da fraternidade povoou-se

---

[19] N.E.: antiga festa judaica que comemorava a colheita. Para os cristãos é a celebração da descida do Espírito Santo, quando os Apóstolos começaram a disseminar o Evangelho.

de leitos e rouparia, candeias e vasos, tinas enormes e variados apetrechos domésticos.

Os filhos do infortúnio chegaram em bando.

Obsidiados eram trazidos de longe, velhinhos que os descendentes irresponsáveis atiravam à rua engrossavam a estatística dos hóspedes, viúvas acompanhadas por filhinhos chorosos e magricelas aumentavam na instituição, dia a dia, e enfermos sem ninguém arrastavam-se na direção da pousada de amor, quando não eram encaminhados até aí em padiolas, com as marcas da morte a lhes arroxearem o corpo enlanguescido.

Complicaram-se as exigências da manutenção e efetuaram-se coletas entre os amigos. Corações generosos compareceram. Remédios não escassearam e as mesas foram supridas com fartura.

Obrigações dilatadas reclamaram concurso humano.

Os continuadores de Jesus apelaram das tribunas, solicitando braços compassivos que lavassem os doentes e distribuíssem os pratos. Cooperadores engajaram-se gratuitamente e formaram-se os diáconos prestimosos.

Criancinhas começaram a despontar na estância humilde e outra espécie de assistência se impôs, rápida. Era necessário amontoar o material delicado em que os recém-nascidos, à maneira de pássaros frágeis, pudessem encontrar o aconchego do ninho. Senhoras abnegadas esposaram compromissos. A legião protetora do berço alcançou prodígios de ternura.

E novas campanhas raiavam imperiosas. Campanhas para o trato da terra, a fim de que as despesas diminuíssem. Campanhas para substituir as peças inutilizadas pelos obsessos, quando em crises de fúria. Campanhas para o auxílio imediato às famílias desprotegidas de companheiros que desencarnaram. Campanhas para mais leite em favor dos pequeninos.

Entretanto, se os apóstolos do Mestre encontravam relativa facilidade para assegurar a manutenção da casa, reconheciam-se atribulados pela desunião, que os ameaçava, terrível. Fugiam da

Verdade. Levi criticava o rigor de Tiago, filho de Alfeu. Tiago não desculpava a tolerância de Levi. Bartolomeu interpretava a benevolência de André como dissipação. André considerava Bartolomeu viciado em sovinice. Se João, muito jovem, fosse visto em prece, na companhia de irmãs caídas em desvalimento diante dos preconceitos, era indicado por instrumento de escândalo. Se Filipe dormia nos arrabaldes, velando agonizantes desfavorecidos de arrimo familiar, regressava sob a zombaria dos próprios irmãos que não lhe penetravam a essência das atitudes.

Com o tempo, grassaram conflitos, despeitos, queixumes, perturbações. Cooperadores insatisfeitos com as próprias tarefas invadiam atribuições alheias, provocando atritos de consequências amargas, junto dos quais se sobrepunham os especialistas do sarcasmo, transfigurando os querelantes em trampolins de acesso à dominação deles mesmos. Partidos e corrilhos, aqui e ali. Cochichos e arrufos nos refeitórios, nas cozinhas enredos e bate-bocas. Discussões azedavam o ambiente dos átrios. Fel na intimidade e desprezo por fora, no público que seguia, de perto, as altercações e as desavenças.

Esmerava-se Pedro no sustento da ordem, mas em vão. Aconselhava serenidade e prudência, sem qualquer resultado encorajador. Por fim, cansado das brigas que lhes desgastavam a obra e a alma, propôs reunirem-se em oração, em benefício da paz. E o grupo passou a congregar-se uma vez por semana, com semelhante finalidade. Apesar disso, porém, as contendas prosseguiam acesas. Ironias, ataques, remoques, injúrias...

Transcorridos seis meses sobre a prece em conjunto, uma noite de angústia apareceu, em que Simão implorou, mais intensamente comovido, a inspiração do Senhor. Os irmãos, sensibilizados, viram-no engasgado de pranto. O companheiro fiel, rude por vezes, mas profundamente afetuoso, mendigou o auxílio da divina Misericórdia, reconhecia a edificação do Evangelho comprometida pelas rixas constantes, esmolava assistência, exorava proteção...

Quando o ex-pescador parou de falar, enxugando o rosto molhado de lágrimas, alguém surgiu ali, diante deles, como se a parede, à frente, se abrisse por dispositivos ocultos, para dar passagem a um homem.

À luz mortiça que bruxuleava no velador, Jesus, como no passado, estava ali, rente a eles... Era ele, sim, o Mestre!... Mostrando o olhar lúcido e penetrante, os cabelos desnastrados à nazarena e melancolia indefinível na face calma, ergueu as mãos num gesto de bênção!...

Pedro gemeu, indiferente aos amigos que o assombro empolgava:

— Senhor, compadece-te de nós, os aprendizes atormentados!... Que fazer, Mestre, para garantir a segurança de tua obra? Perdoa-me se tenho o coração fatigado e desditoso!...

— Simão — respondeu Jesus, sem se alterar —, não me esqueci de rogar para que nos amássemos uns aos outros...

— Senhor — tornou Cefas[20] —, temos realizado todo o bem que nos é possível, segundo o amor que nos ensinaste. Nossas campanhas não descansam... Temos amparado, em teu nome, os aleijados e os infelizes, as viúvas e os órfãos...

— Sim, Pedro, todas essas campanhas são aquelas que não podem esmorecer, para que o bem se espalhe por fruto do Céu na Terra; no entanto, urge saibamos atender à campanha da paz em si mesma...

— Senhor, esclarece-nos por piedade!... Que campanha será essa?!...

Jesus, divinamente materializado, espraiou o olhar percuciente na diminuta assembleia e ponderou triste:

— O equilíbrio nasce da união fraternal e a união fraternal não aparece fora do respeito que devemos uns aos outros... Ninguém colhe aquilo que não semeia... Conseguiremos a seara

---

[20] N.E.: apelativo que Jesus deu ao apóstolo Simão, donde se derivou o nome de Pedro. Origem bíblica.

do serviço, conjugando os braços na ação que nos compete; conquistaremos a diligência, aplicando os olhos no dever a cumprir; obteremos a vigilância, empregando criteriosamente os ouvidos; entretanto, para que a harmonia permaneça entre nós, é forçoso pensar e falar acerca do próximo, como desejamos que o próximo pense e fale sobre nós mesmos...

E, ante o silêncio que pesava, profundo, o Mestre rematou:

— Irmãos, por amor aos fracos e aos aflitos, aos deserdados e aos tristes da Terra, que esperam por nós a luz do Reino de Deus, façamos a campanha da paz, começando pela caridade da língua.

~ 32 ~
Um desastre

I

Duarte Nunes enriquecera. Duas grandes farmácias, muito bem dirigidas, eram para ele duas galinhas de ovos de ouro. Dono do próprio tempo, não sabia usá-lo da maneira mais nobre e, por isso, estimava nas grandes emoções suas grandes fugas.

Corridas de cavalos, corridas de automóveis, concursos de lanchas...

Entusiasta de todos os esportes. Gastador renitente.

Apesar disso, era bom esposo e bom pai. De vez em vez, levava os filhinhos, Marilene e Murilo, às brigas de galos. O belo casal de garotos, porém, não gostava. Marilene voltava o rosto para não ver, e Murilo, forte petiz de quatro anos, chorava desapontado.

— Poltrão! — dizia o pai, com adocicada ironia. E colocava os dois no carro para longo passeio. A esposa, muitas vezes presente, rogava aflita: "Nunes, mais devagar". Ele, porém, sorria sarcástico, e dava largas ao freio. Sessenta, oitenta quilômetros...

Noutras circunstâncias, era Elmo Bruno, o amigo inseparável, que advertia, quando o carro de luxo parecia comer o chão:

— Não corra tanto assim... Olhe os pedestres!

— Que tenho eu lá com isso?

E Bruno explicava:

— Há pessoas distraídas, e crianças inconscientes. Nem sempre conseguem, de pronto, ver os sinais...

Duarte encerrava o capítulo, acrescentando:

— Rodas foram feitas para rodar. E depressa.

De outras vezes, era o próprio pai dele a aconselhá-lo, enquanto o veículo parecia voar:

— Meu filho, é preciso prudência... O volante pede calma... Penso que, além dos 40 quilômetros, tudo é caminho para desastre...

— Frioleiras, papai — respondia Nunes, bem-humorado, agravando o problema.

Sempre que exortado, corria mais.

II

— Meninos de apartamento, aves engaioladas! — dizia a mamãe Duarte Nunes, abraçando os netos.

— Então — disse o pai, sorrindo — preferem vovó?

— Sim, sim...

Decorridos minutos, saem todos na manhã domingueira.

Dona Branca desce com a nora, amparando as crianças, ao pé da própria casa a pleno sol de Ipanema e declara:

— Nossos pássaros prisioneiros querem hoje a largueza da praia. Vamos respirar... — Riram-se todos.

E o auto, conduzindo Nunes e Elmo, saiu em disparada.

Mais tarde, Petrópolis.

Amigos improvisavam corridas de bicicletas. Bandeirinhas. Anotações. Relógios em massa. Homens magros, pedalando, ansiosos e, por fim, o ágape em hotel serrano, sob árvores farfalhudas.

Ao virar da tarde, o regresso.

Todo o Rio inda[21] vibra de sol.

— Por que não buscar, primeiro, a cerveja pura e gelada em Copacabana? — perguntou Nunes, contente.

O carro devora o asfalto.

— Devagar, devagar... — pede o amigo.

Depois da cerveja, o retorno a casa. Nunes inicia a marcha, como quem decola.

— Devagar, devagar — roga o companheiro.

Ele ri. Desatende. A poucos minutos, ambos veem um pequeno em maiô. Está só. Agita-se. E corre de través[22] procurando o outro lado. Nunes tenta frear, mas é tarde. Atropela o garoto que tomba qual pluma ao vento.

Populares gritando. O menino estendido na rua é um pássaro que agoniza.

Sangue. Muito sangue. Nunes aflige-se. Elmo volta e vê. Ergue a criança, espantado, e caminha no rumo dele.

— Seja quem for — grita Nunes —, leve à nossa farmácia... Toda a despesa gratuita...

Todavia, o amigo, boquiaberto, apresenta-lhe o menino morto e exclama:

— Nunes, este menino é...

— É quem? Diga logo — falou Nunes, impaciente.

Mas não precisou de maiores minúcias, porque Bruno, traumatizado, disse-lhe apenas:

— É seu filho...

---

[21] N.E.: uso antigo e informal, mesmo que ainda.
[22] N.E.: direção oblíqua ou diagonal.

~ 33 ~
Notícia de Jonas

Jonas, o profeta, descansava, enfim, na deleitosa paisagem.

Levantara cabana tosca, a oeste de Nínive, e ali, diante do céu e da natureza, preferia o silêncio ao burburinho dos homens.

Sentia-se triste, desenganado, e ruminava impropérios contra o próprio Senhor. Contemplando o casario distante, na aragem do crepúsculo, recordava o início do ministério em que se presumia fracassado.

Vivia calmo — pensava —, vivia calmo e sem atrito. Adorava as oliveiras do velho sítio, tangia, feliz, seu rebanho de cabras. O anonimato garantia-lhe o sossego do prato sem problemas. O Senhor, porém, surgira-lhe à visão e tudo se alterara. A palavra dele irrompia-lhe nos ouvidos, em qualquer lugar e a qualquer hora. Se fosse apenas o prazer de ouvi-lo... Mas o Senhor queixava-se de Nínive e incumbia-o de severa advertência. Cabia-lhe a obrigação de avisar os ninivitas de que lhes destruiria a cidade, como se ateia fogo num campo invadido de pragas. Que Jonas falasse, gritasse, anunciasse, predissesse.

A medida poderia afastar os moradores que desejassem purificar o coração e melhorar a vida. Entretanto, ele, Jonas, não ignorava que o Senhor sempre fora profundamente compassivo. Conquanto lhe respeitasse as determinações, temia interferir em assunto assim tão grave. E se houvesse contraordem? E se alguma deliberação nova poupasse os condenados? Melhor a indicação de outra pessoa. Alguém de caráter maleável, sem brio suficiente para sofrer com a probabilidade do retrocesso. Receando desmoralizar-se, fugiu, resoluto. Desceu para Jope e tomou embarcação para Társia, mas, em viagem, sobreviera a tempestade e temera. No auge da tormenta, declarou aos tripulantes que, decerto, estaria na presença dele a causa do temporal que parecia inamainável.[23] Desobedecera à voz do Alto. Fizera-se passível de austera punição. Amedrontados, os remadores atiraram-no às ondas. Debatendo-se no abismo, arrependera-se da deserção e prometeu cumprir o mandato com rigor. Veneraria a benignidade do Trono eterno e transmitiria a mensagem fielmente. O Senhor escutou-lhe a petição e despachou recursos que salvassem. Vira-se arrebatado ao torvelinho voraginoso e conduzido à praia com segurança. Renovado e confiante, efetuara três dias de marcha laboriosa e, alcançando Nínive, entregou-se aos sombrios vaticínios. Mais quarenta dias e a cidade seria aniquilada. O povo ninivita acreditou nele e, a partir dos maiorais, penitenciou-se em pranto de sincera compunção, suplicando socorro à Bondade celestial. Preces coletivas e piedosas realizações foram feitas. O Senhor enternecera-se e, tomado de compaixão, absolvera a cidade, conferindo a ela e seus habitantes novos recursos de trabalho e corrigenda.

Justamente por isso, achava-se, ali, sozinho e desapontado.

Ferido no amor-próprio, demandara o retiro agreste para forrar-se ao sarcasmo da via pública.

---

[23] N.E.: o sentido utilizado é o contrário de amainar que significa "tornar(-se) sereno; abrandar(-se), acalmar(-se), diminuir".

Tanto chorou, naquele ocaso cinzento, confessando a si mesmo invencível desânimo, que o Senhor se dispôs a visitá-lo e, ao vê-lo moralmente surdo e cego de indignação e amargura, brindou-lhe a choça com uma semente de aboboreira.

A breve espaço, Jonas descobriu a plantinha nascente e embeveceu-se. Consagrou-se a ela com paternal carinho. A trepadeira cresceu, viçosa, e abraçou-lhe o casebre. Assemelhava-se a bela coroa verde a defendê-lo contra o sol, fazendo-o esquecer todas as mágoas.

No entanto, quando o profeta se revelava mais devotado ao seu passatempo, surge o imprevisto. Grande rato dilapidou as raízes do lindo ornato e as ramas secaram-se, de chofre.

Jonas, irado, afundou-se no desespero.

Amava a planta, dedicara-se inteiramente a ela. Por que a destruição, por que a ruína? Arremessando os punhos na própria cabeça, esbravejava contra a canícula[24] e, afagando folhas mortas, perguntava, em lágrimas: "por quê? por quê?".

Foi então que o Senhor lhe apareceu, plenamente materializado, e falou, conciso:

— Ah! Jonas, consideras-me covarde, por exercitar a misericórdia, e apaixonas-te, desta forma, por uma aboboreira, da qual desconheces a formação, em cujo desenvolvimento não trabalhaste, que nasceu numa noite e que, num dia, pereceu? Choras amargamente por um simples vegetal, tentando recuperá-lo, e não me permites qualquer compaixão por Nínive, onde estão mais de cento e vinte mil homens, ainda fracos e ignorantes, e que, por enquanto, não sabem discernir a mão direita da mão esquerda?

Assim termina a saborosa narração do Velho Testamento. E, ao relê-la, pensamos em muitos religiosos da Terra que se fazem censores dos irmãos em dificuldade para assimilar os talentos da fé, a exigirem que o Senhor lhes destrua a existência, mas profundamente agarrados às suas comodidades e às suas abóboras.

---

[24] N.E.: sol muito forte.

34
O mancebo rico

Diante do assunto, que se referia ao congraçamento de grupos religiosos, o ponderoso Simão, sábio israelita desencarnado, considerou, sorridente:

— Semelhantes problemas já vicejavam a respeito do próprio Cristo...

E, à vista da curiosidade geral, o ancião relatou:

— Efraim, filho de Bunan, era um chefe prestigioso dos fariseus, considerado cabeça dos hilelitas, que, ao tempo do Senhor, eram francamente mais liberais e mais instruídos que os partidários do rabi Schammai, fanáticos e formalistas. Judeu profundamente culto, Efraim, aos 40, já se fizera autoridade máxima dos herdeiros espirituais de Hilel, o admirável doutor das Sete Regras... Excessivamente rico, dispunha não somente de valiosas terras cultivadas e de formoso palácio residencial em Jericó, no qual sustentava largo prestígio, mas também de casas diversas em Jerusalém, vinhedos e campos de cevada, rebanhos e negócios importantes na Síria. Entretanto, não era só isso. Era o depositário dos recursos amoedados de companheiros numerosos. Todo fariseu hilelita que se lhe vinculasse à amizade, hipotecava-lhe confiança e, com isso, os próprios bens. Transformara-se-lhe a fortuna pessoal, desse modo, em extensa formação bancária, recolhendo depósitos vultosos e pagando juros compensadores. No centro da organização, cujos interesses financeiros se expandiam, constantes, era ele, embora relativamente moço, um oráculo e um amigo...

O narrador fez longa pausa, como se nos quisesse monopolizar as atenções, e prosseguiu:

— Devotado leitor da Mischna e apaixonado pelas doutrinas do antigo orientador que tudo fizera por desentranhar o espírito da letra, na interpretação das Escrituras, Efraim ouviu, com imensa simpatia, as notícias do Reino de Deus, de que Jesus se revelava portador. Assinalando o ódio gratuito com que os fariseus rigorosos investiam contra o Mestre, mais se lhe exacerbou o desejo de um contato direto. O Mestre Nazareno falava de amor, concórdia, humildade, tolerância. Operava maravilhas. Trazia sinais do Céu, no alívio ao sofrimento humano. Não seria ele, Jesus, o mensageiro da suprema união? Desde muito jovem, sonhava Efraim com a aliança de todas as crenças do povo de Israel. Mantinha habitualmente conversações pacíficas com saduceus amigos, bem colocados no Sinédrio, buscando a suspirada conciliação, sem resultados. De entendimento seguro com os schammaitas, desistira. Fatigara-se de intrigas e sarcasmos. Diligenciara colher os pontos de vista dos nazarenos e samaritanos, conhecidos por opiniões menos estreitas, ouvira compatrícios mentalmente marcados pelas inovações de credos estrangeiros, quais os que se mostravam em ativa correspondência com a Grécia e com o Egito, mas tudo debalde... Controvérsias entrechocavam-se, quais farpas afogueadas, incentivando perseguições... Demandara retiro deleitoso de essênios, em cuja intimidade repousara, durante alguns dias, anotando, encantado, várias referências, em derredor dos ensinamentos do Cristo; no entanto, mesmo aí, no seio da coletividade consagrada à comunhão de bens, no serviço da agricultura, encontrara antagonistas intransigentes, que não vacilavam no escárnio sobre os profitentes de outras convicções... Pouco a pouco, amadureceu o projeto de ir em pessoa ao encontro de Jesus, o fascinante condutor de multidões, a fim de expor-lhe o magnífico projeto. Reunir, enfim, os descendentes das doze tribos, eliminar para sempre as discussões e estabelecer a solidariedade real... Assim pensando, ao sabê-lo em atividade, além do Jordão, Efraim arrancou-se do lar, tentando surpreendê-lo.

"Após algum tempo, achou-o entre homens cansados e tristes, e, ao fitá-lo, enterneceu-se-lhe o coração... Como que tocado de luz invisível, olhou para si mesmo e envergonhou-se das joias que trazia, conquanto adotasse, naquela hora, a indumentária que lhe era comumente mais simples. Tomado de funda emotividade, receava agora a almejada entrevista. Sentia-se inibido, pequeno de espírito. Sofreava, a custo, as próprias lágrimas... Sim, concluía consigo mesmo, dirigir-se-ia ao Mestre das Boas Novas, na feição de aprendiz, ocultaria a própria grandeza individual... Magnetizado, por fim, pelo sereno olhar de Jesus, dirigiu-se até ele e perguntou:

— Bom Mestre, que farei para herdar a vida eterna?

Fugindo à lisonja, respondeu o Cristo:

— Por que me chamas bom? Não há bom senão um que é Deus. Mas, se queres entrar na vida eterna, guarda os mandamentos.

— Quais? — tornou Efraim, preocupado.

E Jesus enumerou alguns dos antigos preceitos de Moisés:

— Amarás a Deus sobre todas as coisas; não matarás; não cometerás adultério; não furtarás; não pronunciarás falso testemunho; honrarás teus pais; amarás o próximo como a ti mesmo...

Efraim, que não se esqueceria da própria condição de príncipe da cultura e da finança farisaicas, ajuntou, sorrindo:

— Tudo isso tenho observado desde a minha juventude.

O Mestre, no entanto, fixou nele os olhos lúcidos, como a desvendar-lhe o âmago da alma, e considerou:

— Algo te falta, ainda... Se queres aperfeiçoar-te, vai, vende tudo o que tens, tudo entregando aos pobres, e terás um tesouro nos céus... Feito isso, vem e segue-me.

O poderoso dirigente dos fariseus, contudo, ao ouvir essas palavras, recordou subitamente as enormes riquezas que possuía e retirou-se muito triste...

Veridiano, um amigo que nos partilhava os estudos, indagou, logo que o relator deu a narrativa por terminada:

— Não será essa a história do mancebo rico, mencionada no Evangelho?

Simão esboçou largo sorriso e informou:

— Sem mais, nem menos...

E assinalando-nos a surpresa, concluiu, sem que nos fosse possível aduzir, depois, qualquer comentário:

— A fusão dos agrupamentos religiosos no mundo é assunto muito velho. É aconselhada com ardor, aqui e ali; entretanto, quando se fala em esvaziar a bolsa, em favor dos necessitados, para que o amor puro garanta a construção do Reino de Deus, nas forças do espírito, quase todos os patronos da apregoada união se afastam muito tristes...

~ 35 ~
Talidomida

Na tela cinematográfica, junto da qual sentíamos a realidade sem distorção, o professor do plano espiritual exibiu dois pequenos documentários sobre o assunto que nos fora motivo a longo debate.

1939–1945 –[25] Surgiu à cena agitada metrópole europeia. Em tudo, o clima de guerra. Desfiles militares de pomposa expressão. Na crista dos edifícios mais altos, bocas de fogo levantavam-se em desafio. Nas ruas, destacavam-se milhares de jovens em formações de tropa, ao rufar de tambores, ostentando símbolos e bandeiras. O povo, triste e apreensivo nas filas de suprimento, parecia desvairar-se de júbilo, nas paradas políticas, ovacionando oradores nas praças públicas. De vez em vez, sirenes sibilavam gritaria de alarme. Aviões sobrevoavam, incessantemente, o casario enorme, lembrando águias metálicas, de sentinela nos céus, para desfechar ataques defensivos contra inimigos que lhes quisessem pilhar o ninho.

Por meio de informações precisas, registávamos os mínimos tópicos de cada conversação.

---

[25] N.E.: refere-se ao período em que ocorreu a Segunda Guerra Mundial.

De súbito, vimo-nos mentalmente jungidos a dilatado recinto, onde centenas de policiais e civis cochichavam na sombra.

Articulam-se avisos. Ramifica-se a trama.

Camionetas deslizam dentro da noite.

Outros agrupamentos se constituem.

Mais algum tempo e magotes de transeuntes se agregam num ponto só, formando vasta legião popular em operoso bairro de ascendência israelita.

São paisanos decididos à rapinagem.

Homens e mulheres de raciocínio maduro combinam o assalto em mira. Madrugada adiante, quando a soldadesca selecionada desce dos veículos com a ordem de apressar famílias inermes, ei-los que invadem as residências judias, agravando o tumulto.

Para nós que assistíamos ao espetáculo, transidos de dor, era como se fitássemos corsários da terra, no burburinho do saque.

Mãos que retivessem anéis, pulsos que ostentassem adornos, orelhas ornamentadas de brincos e bustos revestidos de joias sofriam golpes rápidos, muitos deles tombando decepados em torrentes sanguíneas. Alguém que aparecesse com bastante coragem de investir contra os malfeitores, cuja impunidade se garantia com a indiferença de quantos lhes compartilhavam a copiosa presa, caía para logo de pernas mutiladas, para que não avançasse em socorro das vítimas.

E os quadros vivos se repetiam em outros lugares e em outras noites, com personagens diversas, nos mesmos delírios de violência.

1949–1953 – A tela passa a mostrar escuro vale no Espaço. Examinamos, confrangidos, milhares de seres humanos em condições deploráveis. Arrastam-se em desgoverno. Há quem chore a ausência dos braços, quem lastime a perda dos pés. Possível, no entanto, identificar muitos deles. São os mesmos infelizes de 1939 a 1943, participantes das empresas de furto e morte, à margem da guerra. Desencarnados, suplicam-se no remorso que se lhes incrusta nas consciências. Carregando a mente vincada pelas atrocidades de que foram autores, plasmaram em si, nos órgãos e membros profundamente sensíveis do corpo espiritual, as deformidades que infligiram aos irmãos israelitas indefesos. Ainda assim, almas heroicas atravessam o nevoeiro e distribuem consolações. Para que se refaçam, é preciso que reencarnem de novo, em breves períodos de imersão nos fluidos anestesiantes do plano físico. Necessário retomem a organização carnal, à maneira de doentes complicados que exigem regime carcerário para tratamento preciso.

Ensinamentos prosseguem ao redor do filme.

Sofrerão, sim, mais tarde, as provas regenerativas de que se revelam carecedores, mas, por enquanto, são albergados por braços afetuosos de amigos, que se prontificam a sustentá-los, piedosamente, ou entregues a casais necessitados de filhinhos-problemas, a fim de ressarcirem dívidas do pretérito.

A maioria dos implicados renasce no país em que se verificou o assombroso delito, e muitos deles, em vários outros pontos do mundo, ressurgem alentados por famílias hospitaleiras ou endividadas, que os aconchegam, para a benemerência do reajuste.

— Certamente — comentou o instrutor, ao término da película —, certamente que nem todos os casos de malformação congênita podem ser debitados à influência da talidomida[26] sobre a vida fetal. Em todos os tempos, consoante os princípios de causa e efeito, despontam crianças desfiguradas nos berços terrestres. O estudo, porém, que realizamos pela imagem esclarece com segurança o fenômeno das ocorrências de malformação que repontaram em massa, entre os homens, nos últimos tempos.

Achávamo-nos suficientemente elucidados; no entanto, meu velho amigo Luís Vilas indagou:

— Isso quer dizer então, professor, que a talidomida foi aplicada de acordo com a Lei da reencarnação?

---

[26] N.E.: medicamento sedativo e hipnótico, por seus efeitos teratogênicos, deve ser evitado durante a gravidez, pois não raro causa má-formação ou ausência de membros no feto.

— Bem, bem — falou o mentor retratando a benevolência no semblante calmo —, a talidomida e a provação funcionaram em obediência à Justiça, mas não será lícito esquecer que o lar e a ciência vigilante dos homens também funcionaram em obediência à Misericórdia divina, que a tudo previu, a fim de que a administração daquele medicamento não ultrapassasse os limites justos. Compreenderam?

Sim, recebêramos a chave para entender o assunto que envolvia dolorosa disciplina expiatória, e, à face da emoção que nos impunha silêncio, a lição foi encerrada.

~ 36 ~
Carta singular

Diante do irmão Licínio Mendonça, jazia a carta que ele assinara, comunicando-se com a genitora:

"Querida Mãe: peço à senhora me abençoe.

Regressando da festa do seu lindo aniversário, depois de muito meditar, resolvi escrever-lhe.

Setenta e oito anos, hein, mamãe? Graças a Deus temos a senhora conosco, firme como o jequitibá que vovó plantou à frente do moinho.

Apesar de querer mais um século para a senhora, na atual existência, rogo me perdoe se venho tratar aqui de um assunto sério.

É o problema do tempo e das boas obras, mamãe.

Conforme a senhora sabe, sou espírita há mais de vinte anos, e penso muito na desencarnação.

A senhora tem outra crença, mas, no fundo, procuramos o mesmo Cristo; não acha que devemos refletir, enquanto temos saúde e raciocínio, na distribuição correta dos bens que nos foram confiados?

Completarei 50 janeiros no mês que vem; contudo, meus planos estão prontos.

Formei quatro cafezais em minhas terras do noroeste, que estão produzindo a contento, minhas chácaras de Itaim vão indo com excelentes lucros. Além disso, com as rendas dos meus apartamentos de São Paulo e de minhas casas em Campinas, organizei cinco lojas, que estão melhorando o meu patrimônio. Mas, a senhora julga que tenho apego a dinheiro? Absolutamente nenhum.

Desde que me tornei espírita, desejo fundar uma instituição beneficente que recolha velhinhos e crianças ao desamparo. Já tenho comigo 20 projetos diferentes para as construções; no entanto, preciso aumentar o capital. Não quero uma obra mambembe, dessas que andam por aí. Por outro lado, sou contra a vadiagem. Para velhos, mulheres e meninos que estendem a mão na rua, não dou um tostão. Esse negócio de repartir migalhas é fazer comida de passarinho e estimular a velhacaria. Necessitamos de estabelecimentos seguros. Nada de criar vagabundos e vigaristas, em nome da caridade. Nesse ponto, não cedo. Ainda agora, na semana passada, o Pinheiro me pediu uns cobres para certa mulher que tentou envenenar dois filhos e suicidar-se em seguida, a pretexto de fome. Não dei bola. Se ela quiser dinheiro, que vá trabalhar. Essa beneficência de teatro é coisa de esmola. Quero uma organização eficiente, que resolva os problemas, em vez de agravá-los.

Para o conjunto de edificações que pretendo levantar, já percebo o rendimento aproximado de quatro milhões e quinhentos mil cruzeiros por mês; entretanto, isso é pouco. É indispensável, pelo menos, duplicar essa quantia para começar.

Ultimamente, porém, mamãe, venho refletindo na situação da senhora. Desde que o papai desencarnou, desejo solicitar que a senhora auxilie o Espírito dele, com o serviço ao próximo. Com os juros dos depósitos bancários e com o produto das fazendas que ele deixou no Paraná, é possível fazer muito. Que a senhora não aceite o Espiritismo, vá lá! Mas a senhora é cristã e deve amparar as obras cristãs. Não convém deixar tanto dinheiro sem aplicação definida na assistência aos que sofrem. A senhora me desculpe, mas peço-lhe fazer, desde já, um testamento em favor das casas de caridade da sua simpatia. Mamãe, pense no Além!... Convença-se de que ninguém morre. No mundo espiritual, a pessoa responde pelas propriedades que ajunta. Faça uma visita aos institutos benemerentes, mamãe! Estude o que lhe proponho. Logo que puder, consulte o nosso advogado. Não deixe o assunto para depois. Urgência, mamãe! A senhora, viúva, e eu também, temos grandes responsabilidades. Estamos sozinhos para administrar o que é nosso. De minha parte, acredito que, dentro de poucos anos, terei equacionado o problema de minha fundação. Somente me preocupa a atitude da senhora. Pondere, mamãe. Não quero dizer que a senhora está velha, mas é imperioso zelar por nossa tranquilidade de consciência, enquanto a memória anda boa.

Espero ir vê-la, na primeira oportunidade, a fim de conversarmos com mais segurança.

Muito carinho e um beijo na testa com todo o coração do seu filho.

Licínio"

Esta era a carta que ele acabara de escrever à mãezinha, quando a morte o surpreendeu numa crise de angina, sem que nos fosse possível auxiliá-lo a reacomodar-se no corpo irrecuperável.

Com tantos planos de serviço e com tantos recursos, Licínio, que soubera traçar considerações tão oportunas sobre a aplicação de finança e tempo, largara o veículo físico, na condição de espírita, sem que as instituições espíritas lhe conhecessem a existência. E, no dia seguinte, quando a veneranda senhora Mendonça chegou de automóvel para os funerais, encanecida, mas empertigada, deu-nos a impressão de que ainda teria muito tempo na Terra, para viver forte e rija.

~ 37 ~
Médiuns espíritas

Você quer saber, meu amigo, a maneira pela qual os médiuns são interpretados na vida espiritual.

Creio não tenhamos aqui qualquer diferença no padrão de aferi-los. Contudo, diante do apreço com que a sua indagação está formulada, será lícito alinhavar algumas notas acerca do assunto, ainda mesmo somente para dizer que, para nós, Espíritos desencarnados, os médiuns são criaturas humanas como as outras.

Admito, porém, que devemos qualificá-los, para determinar situações e definir responsabilidades.

Em boa sinonímia, a palavra médium designa o intermediário entre os vivos e os mortos, ou melhor, entre os encarnados e desencarnados.

Você não ignora que a existência de sensitivos habilitados a estabelecer o intercâmbio do homem com o Mais Além corresponde, em todos os tempos, a necessidades fundamentais da mente humana. Antigamente, eram chamados oráculos, magos, sibilas e pitonisas e achavam-se em Tebas, Jerusalém, Olímpia,

Roma... Ontem classificados por bruxos e feiticeiros, viam-se lançados às fogueiras da Idade Média pelo fanatismo religioso. E, se examinados pelo prisma da simples curiosidade, são igualmente médiuns, nos dias de hoje, os videntes e psicômetras, faquires e adivinhos, habitualmente remunerados, que pululam nas metrópoles modernas.

À vista disso, presumimos seja recomendável denominar médiuns espíritas os medianeiros em tarefas nas casas espíritas-cristãs, uma vez que todas as pessoas que estejam agindo sob a influência dos que já se desenfaixaram do veículo físico são médiuns. Lutero, ouvindo vozes do mundo espiritual, era médium reformista. Teresa d'Ávila,[27] relatando visões de outros planos, era médium católica. E ninguém pode negar que, em condições inferiores, quantos se movimentem, dominados por entidades perturbadas ou infelizes, sejam também médiuns. Assim é que médiuns espíritas, em nosso despretensioso parecer, são aqueles que se dispõem a interpretar as Inteligências domiciliadas nas regiões espirituais, seareiros do bem, consagrados à Doutrina do Espiritismo, indicada a restaurar os princípios cristãos na Terra.

Falemos, assim, dos médiuns espíritas, nossos companheiros de ideal e de luta.

Não cremos sejam eles de estalão incomum. São individualidades terrestres, positivamente naturais. Tanto assim que os médiuns espíritas devem ter profissão e vida social digna.

Nada os impede de casar e constituir a própria família, quando desejem tomar compromissos no matrimônio.

Não se lhes pode exigir certidão de santidade, entre os seres humanos de cujas características participam; entretanto, qual ocorre com todos os seres humanos responsáveis, são convocados a lutar contra as tentações que lhes aguilhoam a carne.

---

[27] N.E.: Santa Teresa ou Teresa d'Ávila (1515–1582), realizou a reforma da Ordem das Carmelitas. Teresa d'Ávila viveu muitas vezes o fenômeno da levitação.

Os problemas do sexo, de modo geral, nas organizações mediúnicas, são parecidos com os das outras pessoas. Inquietações, frustrações, inibições, exigências, anseios... No entanto, como acontece a todas as pessoas interessadas na educação própria, são convidados pelas circunstâncias a se conformarem nas provações orgânicas que tenham trazido ao renascer, tanto quanto a honrarem o lar que porventura hajam erguido, mantendo carinho e fidelidade para com o companheiro ou a companheira, sem trilhas de acesso à devassidão ou à poligamia. Em suma, no que tange às ligações afetivas, carecem de hábitos morigerados,[28] no interesse real deles mesmos, competindo-lhes viver em paz com a natureza e com os imperativos da reta consciência, na intimidade doméstica.

No que se reporta à alimentação, estamos convictos de que lhes é permitido comer de todos os acepipes, consumidos por homens e mulheres de bom senso, escusando-se à gula, ao álcool e aos agentes tóxicos. E, na apresentação social, decerto não necessitam mostrar a palidez e o desconsolo dos primitivos ascetas,[29] a fim de evidenciarem a própria fé; entretanto, nada justifica se exibam nos excessos e disparates que se praticam, de tempos a tempos, em nome da moda.

Evidentemente que os instrutores desencarnados anelam sejam eles criaturas modestas sem afetação e respeitáveis sem luxo, com disciplinas de atividade e repouso, banho e oração.

Atribui-se-lhes a obrigação de estudar sempre, elevando o nível dos conhecimentos que possuam, compreendendo-se que o Espiritismo não aplaude a ignorância, e cabe-lhes trabalhar intensamente, na extensão do conhecimento espírita, notadamente no socorro ao próximo, porquanto médiuns espíritas não existem sem a cobertura da caridade, e é forçoso que sirvam

---

[28] N.E.: que denota bons costumes; que leva vida irrepreensível.
[29] N.E.: nome que se dava aos devotos que levavam uma vida de oração e mortificação.

espontaneamente, persuadidos de que, auxiliando os outros, auxiliam a si mesmos, para que não estejam no apostolado mediúnico, que é construção cristã de bondade e alegria, instrução e conforto, esclarecimento e progresso, lembrando animais descontentes, atrelados à canga.[30]

Em hipótese alguma devem cobrar honorários pelos benefícios que prestem e, em nenhum momento, se justificará qualquer iniciativa tendente a situá-los em regime de privilégios, mas, também por serem médiuns espíritas, não será justo que se lhes tumultue o lugar de trabalho, aniquilando-se-lhes a possibilidade do ganha-pão honesto, em nome do bem, e nem é lícito, a pretexto de fraternidade, que se lhes convulsione a residência e se lhes devasse a vida. Por serem médiuns espíritas, não estão obrigados a fazer tudo o que se lhes peça, a título de beneficência ou solidariedade, e nem a assumir atitudes em desacordo com a própria consciência, para satisfazer ao sentimentalismo superficial, inferindo-se que pela mesma razão de serem médiuns espíritas é que precisam agir com segurança e discernimento, convictos de que não podem e nem sabem tudo, porque saber e poder tudo é apanágio de Deus.

Indiscutivelmente, se lançam a mediunidade a influências políticas ou discriminações sociais, deixam de ser médiuns espíritas, porque o Espiritismo se baseia no Cristianismo vivo, que considera irmãos todos os homens, com o dever de os mais fortes se constituírem apoio aos mais fracos.

Não, não conhecemos médiuns espíritas maiores ou menores. Todos são credores de estima e acatamento na prática criteriosa das faculdades que exerçam. No dia em que os espíritas ou os Espíritos intentassem estabelecer qualquer casta mediúnica, os médiuns espíritas desapareceriam, porquanto surgiria, em lugar deles, toda uma nobiliarquia religiosa. Todos sabemos que, perante os ensinamentos do Cristo, rótulos e brasões, comendas e

---

[30] N.E.: peça de madeira usada para prender junta de bois a carro ou arado.

apelidos honoríficos, embora respeitáveis nas convenções políticas do mundo, são, diante do Evangelho, autênticas patacoadas.

E, quanto aos médiuns espíritas que se esforçam pelo engrandecimento da verdade e do bem, oferecendo de si quanto lhes é possível, em louvor dos semelhantes, tratemo-los com o apreço que nos merecem, mas fujamos de perdê-los com lisonja e idolatria.

Se você encontra demasiada severidade em nossas opiniões, recorde o conceito do próprio Cristo, quando definiu o maior no Reino dos Céus como aquele que se fizer, na Terra, o servidor de todos.

Não desconhecemos que nós, Espíritos desencarnados e encarnados, em dívidas volumosas perante a Lei, estamos atualmente procurando reviver o Evangelho, na Doutrina Espírita, e, compulsando o Evangelho, é fácil verificar que, acerca de Jesus, apareciam talentos de renovação e oportunidades de trabalho para todos, mas não houve adulações e nem medalhas para ninguém.

~ 38 ~
Decisão nas trevas

Organizador de obsessões – Caros companheiros, atualmente o nosso problema intricado é o Espiritismo. Ensinamentos renovadores em toda parte, horizontes claros na mente humana...
Um observador das trevas – Isso mesmo. Verdadeira lástima!
Organizador de obsessões – Os espíritas criam atmosfera semelhante à que se conheceu nos tempos do Cristo. Não se conformam à fé expectante dos santuários. Não há meio de isolá-los nas preces inativas. Por mais sugiramos encantamentos com melodias e aromas, rituais e painéis, mais se afastam das seduções magnéticas, atirando-se ao exercício do bem. Em vez de arcas místicas, preferem tijolos para casas beneficentes. Em vez de se ajoelharem, caminham... Trocam perfumados unguentos por suor desagradável, desde que possam servir aos semelhantes. Quadro igual ao da época de Jesus, em que se realizavam caravanas de socorro aos infelizes, onde os infelizes estivessem. Sabem vocês que tudo isso ocorre em prejuízo nosso, uma vez que precisamos das energias do homem, tanto

quanto o homem necessita dos recursos do boi. (O gênio das sombras piscou os olhos.) Indispensável encontrar o processo de esmagá-los, destruí-los...

Um obsessor exaltado – Convém a guerra declarada, provocação de recinto em recinto...

Organizador de obsessões – Bobagem! Perseguição é benefício aos perseguidos. Deve ser feita apenas em nossa própria família, quando quisermos acordar um companheiro e torná-lo mais vantajoso...

Um obsessor violento – Pode-se promover o extermínio de todos eles... Desastres, envenenamentos... Um veículo motorizado é a morte de galochas, um medicamento mal dosado patrocina a desencarnação por descuido...

Organizador de obsessões – Morte assim não resolve. (Sorriu, brejeiro.) Vocês sabem que desde a crucificação de Jesus não valem vítimas públicas. Vítimas são cartazes de propaganda para as ideias que representam. Que adiantaria retirar essa gente do corpo físico? Engrossaria aqui a fileira dos que nos combatem. Imperioso inventar diferentes empresas de anulação.

Um malfeitor recruta – Penso que seria ótimo se conseguíssemos formar falanges e falanges de obsessores, capazes de invadir os lares e as instituições espíritas, gerando a loucura em massa.

Organizador de obsessões – Medida contraproducente. As perturbações multiplicadas induziriam os espíritas a mais amplos estudos e observações dos princípios que abraçam... E vocês não desconhecem que o Espiritismo, quanto mais observado, mais luz fornece ao pensamento... Ora, é claro que a luz não nos permite o serviço da sombra...

Um obsessor confusionista – Será possível engenhar novos truques, novas mistificações...

Organizador de obsessões – Tolice! Isso traria mais estudo...

Um malfeitor antigo – Calúnias e discórdias, críticas e escárnios nunca foram empregados em vão...

Organizador de obsessões – Tudo isso é técnica superada. O povo em si quer rendimento de boas obras. Toda pessoa injuriada vence facilmente essas tramoias, desde que se conserve trabalhando...

Um obsessor fabricante de dúvidas – A melhor providência seria, decerto, a dúvida. As maiores cerebrações caem pela incerteza, imitando árvores poderosas quando sufocadas pela erva-de-passarinho... Procuremos atrasar o passo dos espíritas, instilando-lhes a vacilação em matéria de fé... Bastará um tanto mais de trabalho em nossas organizações e desconfiarão da Providência divina e da imortalidade da alma, acabando com a mediunidade e arquivando as doutrinas pregadas por eles mesmos...

Organizador de obsessões – A ideia é interessante, mas o tiro sairia pela culatra. Sobrariam aqueles de ânimo inquebrantável que, estimulados pela dúvida, se decidiriam por mais ampla incursão nos domínios da realidade e, quando se pronunciassem, depois de mais amplas visões da vida, atrairiam multidões contra o nosso próprio esforço.

Um vampirizador experiente – Tenho um projeto que me parece viável. Será fácil treinar alguns milhares de companheiros para a hipnose em larga escala e faremos que os espíritas se acreditem santos de carne e osso. Mobilizaremos legiões de amigos nossos que lhes assoprem lisonja ao coração, ocupando a mediunidade, seja na palavra falada ou escrita, para a sustentação de elogios mútuos. Faremos que se suponham heróis e reis, místicos e fidalgos reencarnados com títulos honoríficos, garantidos nos mundos superiores, como os beatos do tempo antigo se julgavam donos de poltronas cativas no Reino dos Céus. Depois dessa primeira fase, estarão dispostos a serem bonzinhos, a viverem na santa paz com todos. Não mais abraçarão problemas; considerarão a análise desnecessária; não estimarão perder a companhia dos desencarnados ou encarnados que os bajulem; em vez de canseira, a serviço dos outros, mergulharão a existência em meditações no colchão de molas, esperando que os Anjos lhes emprestem asas para a ascensão aos espaços felizes; usarão o silêncio para que a verdade não os incomode e aproveitarão a palavra, quando se trate de dourar a mentira que os favoreça.

Cada qual, assim, passará a viver entronizado na pequenina corte dos adoradores que lhes mantenham as ilusões. Colocarão considerações terrestres muito acima dos patrimônios espirituais, para não ferirem a claque dos amigos que os incensem; abominarão desgostos e aborrecimentos; nada quererão com discernimento e raciocínio; dirão que o mal será apagado pela bondade de Deus e não se lembrarão de que Deus espera por eles para que o bem triunfe do mal, estirando-se em meditações inoperantes acerca dos milênios vindouros; fugirão do mundo para não perderem a veste imaculada; detestarão qualquer empreendimento que vise a movimentar as ideias espíritas nas praças do mundo, a fim de não sofrerem incompreensões e desgastes...

Em suma, há religiões que possuem santos de pedra ou gesso, mas nós, com a hipnose na base da ação, acabaremos improvisando neles santos de carne e osso por fora, conquanto prossigam na condição de homens e mulheres por dentro...

Creio que, desse modo, enquanto estiverem preocupados em preservar a postura e a máscara dos santos, não disporão de tempo algum para os interesses do espírito...

Organizador de obsessões – Excelente! Excelente! (O chefe mostrou largo sorriso de satisfação.) Até que enfim! até que enfim!... Mãos à obra!...

Milhares de malfeitores e obsessores – Muito bem!... Muito bem!...

~ 39 ~
Álbum materno

...E nós respigamos alguns tópicos do álbum repleto de fotos, que descansava na penteadeira de dona Silvéria Lima, ao lermos, enternecidamente, a história do filho que ela própria escrevera.

1941 – outubro, 16 – Meu filho nasceu no dia 12. Sinto-me outra. Que alegria! Como explicar o mistério da maternidade? Meu Deus, meu Deus!... Estou transformada, jubilosa!...

Outubro, 18 – Meu filho recebeu o nome de Maurício. Aos seis dias de nascido, parece um tesouro do Céu em meus braços!...

Outubro, 20 – Recomendei a Jorge trazer hoje um berço de vime, delicado e maior. O menino é belo demais para dormir no leito de madeira que lhe arranjamos. Coisa estranha!... Jorge, desde que se casou comigo, nada reclamou... Agora, admite que exagero. Considerou que devemos pensar nas crianças menos felizes. Apontou casos de meninos que dormem no esgoto, mas, que temos nós com meninos de esgoto? Caridade!... Caridade é cada um assumir o desempenho das próprias obrigações. Meu marido está ficando sovina. Isso é o que é...

1942 – novembro, 11 – Mauricinho adoeceu. Sinto-me enlouquecer... Já recorri a seis médicos.

1943 – dezembro, 15 – O pediatra aconselhou-me deixar a amamentação e mandou que Mauricinho largue a chupeta. Repetiu instruções, anunciou, solene, que a educação da criança deve começar tão cedo quanto possível. Essa é boa! Eu sou mãe de Mauricinho e Mauricinho é meu filho. Que tem o médico de se intrometer? Amamento meu filho e dou-lhe a chupeta enquanto ele a quiser.

1944 – março, 13 – Mauricinho, intranquilo, arranhou, de leve, o rosto da ama com as unhas. Brincadeira de criança, bobagem. Jorge, porém, agastou-se comigo por não repreendê-lo. Tentou explicar-me a reencarnação. Assegurou que a criança é um Espírito que já viveu em outras existências, quase sempre tomando novo corpo para se redimir de culpas anteriores, e repisou que os pais são responsáveis pela orientação dos filhos, diante de Deus, porque os filhos (palavras do coitado do Jorge) são companheiros de vidas passadas que regressam até nós, aguardando corrigenda e renovação... Deu-me vontade de rir na cara dele. Antes do casamento, Jorge já andava enrolado com espíritas... Reencarnação!... Quem acredita nisso? Balela... Chega um momento de nervosismo, a criança chora e será justo espancá-la, simplesmente por essa razão?

1946 – março, 15 – Jorge admoestou-me com austeridade. Parecia meu avô, querendo puxar-me as orelhas. Declarou que não estou agindo bem. Acusou-me. Tratou-me como se eu fosse irresponsável. Tem-se a impressão de que é inimigo do próprio filho. Queixou-se de mim, alegou que estou deixando Maurício crescer como um pequeno monstro (que palavra horrível!), tão só porque o menino, ontem, despejou querosene no cão do vizinho e ateou fogo... Era um cachorro intratável e imundo. Certamente que não estou satisfeita por haver Maurício procedido assim, mas sou mãe... Meu filho é um anjo e não fez isso conscientemente. Talvez julgasse que o fogo conseguisse acabar com a sujeira do cão.

1948 – abril, 9 – Crises de Maurício. Quebrou vidraças e pratos, esperneou na birra e atirou um copo de vidro nos olhos da cozinheira, que ficou levemente machucada, seguindo para o hospital... Jorge queria castigar o menino. Não deixei. Discutimos. Chorei muito. Estou muito infeliz.

1950 – setembro, 5 – A professora de Maurício veio lastimar-se. Moça neurastênica. Inventou faltas e mais faltas para incriminar o pobre garoto. Informou que não pode mantê-lo, por mais tempo, junto dos alunos. Mulher atrevida! Pintou meu filho como se fosse o diabo. Ensinei a ela que a porta da rua é serventia da casa. Deixa estar! Ela também será mãe... Que bata nos filhos dela!...

1952 – maio, 16 – Maurício já foi expulso de três colégios. Perseguido pela má sorte o meu inocentinho!... Jorge afirma-se cansado, desiludido... Já falou até mesmo num internato de correção... Meu Deus, será que meu filho somente encontre amor e refúgio comigo? Tão meigo, tão bom!... Prefiro desquitar-me a permitir que Jorge execute qualquer ideia de punição que, aliás, não consigo compreender... Meu filho será um homem sem complexos, independente, sem restrições... Quero Maurício feliz, feliz!...

1956 – Meu marido quer empregar nosso filho numa casa de móveis. Loucura!... Acredita que Mauricinho precisa trabalhar sob disciplina. Que plano!... Meu filho com patrão... Era o que faltava!... Temos o suficiente para garantir-lhe sossego e liberdade.

1957 – janeiro, 14 – Jorge está doente. O médico pediu que lhe evitemos dissabores ou choques. Participou-me, discreto, que meu marido tem o coração fatigado, hipertensão. Desde o ano passado, Jorge tem estado triste, acabrunhado com as calúnias que começam a aparecer contra o nosso filhinho. Amigos-ursos fantasiaram que Maurício, em vez de frequentar o colégio, vive nas ruas, com vagabundos. Chegaram ao desplante de asseverar que meu filho foi visto furtando e, ainda mais... Falaram que ele usa maconha em casas suspeitas. Pobre filho meu!... Sendo filho único, Maurício necessita de ambiente para estudar, e se vem alta madrugada, para dormir, é porque precisa do auxílio dos colegas, nas várias residências em que se reúnem com os livros.

1958 – outubro, 6 – Jorge ficou irado porque exigi dele a compra de um carro para Maurício, como presente de aniversário. Brigou, xingou, mas cedeu...

1959 – junho, 15 – Estou desesperada. Jorge foi sepultado ontem. Morreu apaixonado, diante da violência do delegado policial que intimou Mauricinho a provar que não estava vendendo maconha. Amanhã enviarei um advogado ao Distrito. Se preciso, processarei o chefe truculento... Ninguém arruinará o nome de meu filho, que é um santo... Oh! meu Deus, como sofrem as mães!...

1960 – agosto, 2 – Duas mulheres me procuraram, com a intenção de arrancar-me dinheiro. Disseram que meu filho lhes surripiou joias. Velhacas e mandrionas. Maurício jamais desceria a semelhante baixeza. Dou-lhe mesada farta. Expulsei as chantagistas e, se voltarem, conhecerão as necessárias consequências.

1961 – fevereiro, 22 – Nunca pensei que o nosso velho amigo Noel chegasse a isso!... Culpar meu filho! Sempre a mesma arenga... Maurício na maconha. Maurício no furto! Agora é um dos mais antigos companheiros de meu esposo que vem denunciar meu filho como incurso num suposto crime de estelionato, comunicando-me, numa farsa bem tramada, que Maurício lhe falsificou a letra num cheque, roubando-lhe trezentos contos... Tudo perseguição e mentira. Já ouvi dizer que Noel anda caduco. Usurário caminhando para o hospício. Essa é que é a verdade... Sou mãe!... Não permitirei que meu filho sofra, nunca admiti que ninguém levantasse a voz contra ele... Maurício nasceu livre, é livre, faz o que entende e não é escravo de ninguém. Estou revoltada, revoltada!...

Nesse ponto, terminavam as confidências de dona Silvéria, cujo corpo estava ali, inerte e ensanguentado, diante de nós, os amigos desencarnados, que fôramos chamados a prestar-lhe assistência. Acabara de ser assassinada pelo próprio filho, obsidiado e sequioso de herança.

Enquanto selecionávamos as últimas notas do álbum singular, Maurício, em saleta contígua, telefonava para a Polícia, depois de haver armado habilmente a tese de suicídio.

~ 40 ~
O grupo perfeito

O Espírito Júlio Marques comandava o pequeno agrupamento com critério e bondade. Condutor paciente do diminuto rebanho de companheiros espíritas-cristãos. Duas vezes por semana, incorporado na médium dona Maria Paula, orientava os amigos na atividade evangélica. Ternura aliada à experiência, firmeza conjugada à abnegação. Conflitos e dificuldades morais ecoavam nele de modo particular, arrancando-lhe palavras iluminadas de benevolência e candura, a deslizarem nas alheias feridas por bálsamo de esperança.

Numa das noites em que lhe compartilhávamos a responsabilidade, à feição de apagado trabalhador da retaguarda, notamos a presença de jovem senhora na assistência. Identificava-se por dona Clara. Dama inteligente, distinta. Punha os pensamentos à mostra, na conversação espontânea. Insatisfeita. Inquiridora.

Tão logo notou Marques encerrando o comentário edificante, pespegou-lhe interrogação à queima-roupa:

— Irmão Júlio, posso pedir-lhe uma orientação?

O interpelado respondeu humilde:

— Sou deficiente demais para isso; entretanto, estou nesta casa para servir...

E o entendimento continuou:

— Desejo formar um grupo espírita, de acordo com o meu ideal... Acha o senhor que posso pensar nisso?

— Sem dúvida alguma. Todos somos chamados à obra do Senhor...

— Mas eu quero, irmão Júlio, organizar um círculo de criaturas elevadas e sinceras, que apenas cogitem da virtude praticada, unicamente da virtude praticada!...

— Grande propósito!

— Uma instituição em que as pessoas se confraternizem, com rigoroso senso de pureza íntima... Nada de egoísmo, irritação, incompreensão, contenda...

— Sim, minha filha...

— Um grêmio, em que todos os associados vibrem pelo padrão do Evangelho... Pessoas simples e imaculadas, que não encontrem qualquer obstáculo para a harmonia de convivência... Verdadeiros apóstolos do bem... O irmão Júlio está ouvindo?

— Sim, filha, continue...

— Anseio por uma comunidade consagrada às realizações espíritas sem a mais leve perturbação. Os médiuns serão espelhos mentais cristalinos, retratando o Verbo do Alto, como os lagos transparentes que refletem o Sol. Os diretores governarão as tarefas, na posição de almas primorosas, capazes de todos os sacrifícios pela causa da Verdade, e os cooperadores, corretos e conscientes, integrarão equipe afinada, de maneira incondicional, com os princípios da nossa Doutrina de Luz...

— Plano sublime!...

— O ambiente lembrará uma fonte viva de paz e sabedoria em que os justos desencarnados se sentirão à vontade para ministrar aos homens os ensinamentos das esferas superiores, com a segurança de quem usa instrumentação irrepreensível...

— Sim, sim...

— Aspiro à criação de um conjunto que desconheça imperfeições e fraquezas, problemas e atritos...

— Deus nos ouça...

— Entre as paredes da organização que me proponho levantar, ninguém terá lugar para malquerença ou desânimo... Tudo será tranquilidade e alegria... Nenhuma brecha para discórdias.

— Que o Senhor nos ampare...

— Um templo a edificar-se na base de cooperadores que jamais descerão da nobreza própria, a ofertarem um espetáculo permanente de Céu na Terra, para a exaltação da caridade...

— Sim, sim...

Observando que o amigo espiritual não se desviava dos conceitos curtos, sem enunciar opiniões abertas, dona Clara acentuou:

— Posso contar com o senhor?

— Ah! filha, não me vejo habilitado...

— Ora essa! por quê?

— Sou um Espírito demasiadamente imperfeito... Ainda estou muito ligado à Terra.

— Mas, recebemos tantos ensinamentos de sua boca!

— Esses ensinamentos não me pertencem, chegam dos mentores que se compadecem de minha insuficiência... Brotam em minha frase como a flor que desponta de um vaso rachado. Não confunda a semente, que é divina, com a terra que, às vezes, não passa de lama...

— Então, o irmão Júlio ainda tem lutas por vencer?

— Não queira saber, minha filha... Tenho a esposa, que prossegue viúva em dolorosa velhice, possuo um filho no manicômio, um genro obsidiado, dois netos em casa de correção... Minha nora, ontem, fez duas tentativas de suicídio, tamanhas as privações e provocações em que se encontra. Preciso atender aos que o Senhor me concedeu... Minhas dívidas do passado confundem-se com as deles. Por isso, há momentos em que me sinto fatigado, triste... Vejo-me diariamente necessitado de orar e trabalhar para restabelecer o próprio ânimo... Como verifica, embora desencarnado, sofro abatimentos e desencantos que nem sempre fazem de mim o companheiro desejável...

— Oh! é assim?

— Como não, filha? Todos estamos evoluindo, aprendendo...

Dona Clara refletiu um momento e voltou à carga:

— Mas, em algum lugar, haverá decerto uma associação impecável... Diga irmão Júlio, o senhor sabe de alguma equipe sem defeito, como eu quero? E se sabe, onde é que ela está?

O Espírito amigo, senhoreando integralmente a médium, pensou também por um instante e respondeu com a mais pura ingenuidade que já vi até agora:

— Sim, minha filha, um grupo assim tão perfeito deve existir... Com toda a certeza deve ser o grupo de nosso Senhor Jesus Cristo.

Índice geral [31]

Abraão
    considerações sobre – De início, nota

Agostinho, Aurélio
    preleção de – 16
    venerado no Cristianismo – 16

Aksakof, Alexander, filósofo russo
    biografia de – 20, nota

Alimentação
    sistema de * e manutenção
      da existência – 9

Alma
    peso dos dias nos ombros da – 26

Amor
    única dádiva que podemos fazer – 13

Anjo, o santo e o pecador, O
    conversação à porta
      de templo antigo e – *24*

Asceta
    significado do termo – 37, nota

Assef, Efraim ben, caudilho de Israel
    encontro com Jesus e – 7

Bíblia
    preocupações o objetivos
      de Macário e – 8

Bittencourt, Ignácio, Sr.
    Alfredo Lúcio e – 18
    biografia de – 18, nota

Bozzano, Ernesto, pesquisador
    espírita italiano
    biografia de – 20, nota

Branca, dona
    mãe de Duarte Nunes – 32

Bruno, Elmo
    amigo de Duarte Nunes – 32

---

[31] Remete ao número do capítulo.

Índice geral

Calúnia
    perdão, única resposta – 4

Canga
    significado do termo – 37, nota

Canícula
    significado do termo e – 33, nota

Carpo
    Simão Pedro e – 13

Cartaginês
    significado do termo – 16, nota

Cefas
    considerações sobre – 31, nota

Centro Espírita Vicente de Paulo
    Alfredo Lúcio e – 18

Cirne, Leopoldo
    biografia de – 18, nota

Clara, dona
    formação de grupo espírita e – 40
    grupo de nosso Senhor
        Jesus Cristo e – 40

Clélia, dona
    condenação do auxílio
        espontâneo e – 6
    Luís Paulo, filho de – 10
    Martinho, filho de – 10
    Rigueira e mediunidade de – 10
    serviço do passe curativo e – 10
    Contos desta de doutra vida, livro
        lanche mental leve e simples
        e – De início

Cristianismo
    estudos sobre o dinheiro à face do – 6

Crookes, William, físico inglês
    biografia de – 20, nota

Cunha, Tertuliano da
    lenda amazônica e – 21
    onça e amigos da onça e – 21

Curado, Joaquim, advogado
    Maria Iza, copeira, e – 11

Denis, Léon, filósofo francês
    biografia de – 20, nota

Deus
    provas indiscutíveis da
        existências de – 5

Doutrina Espírita *ver*
    também Espiritismo
    restauração dos princípios
        cristãos e – 37
    revivescência do Evangelho na – 37

Efraim, filho de Bunan
    aliança de todas as crenças e – 34
    encontro com Jesus e – 34
    fariseu rico – 34
    herança da vida eterna e – 34
    leitor da Mischna e – 34
    notícias do Reino de Deus e – 34

Eliakim
    funcionário do Templo
        de Jerusalém – 4

Energia mediúnica
    padronização da – 1

Esaú
    considerações sobre – De início, nota

Escriba incrédulo
    Jesus e Joab, escriba em Cesareia – 29

Espírita
    caravanas de socorro aos
        infelizes e – 38
    fé expectante dos santuários e – 38

Índice geral

lisonja e – 38
preces inativas e – 38
santo de carne e osso e – 38
vacilação em matéria de fé e – 38

Espiritismo *ver também*
   Doutrina Espírita
   ensinamentos renovadores e – 38
   horizontes claros na mente
      humana e – 38
   luz ao pensamento e – 38
   Espírito desditoso
   dúvida, irritação e – 30
   médium amigo da redenção e – 30
   pedido de renascimento no
      corpo físico e – 30

Evangelho
   César, diretor da equipe,
      e culto do – 14
   Ciro, irmão, e culto do – 14
   Cláudia, irmã, e culto do – 14
   Clélia, dona, e estudos do – 10
   Gina, irmã, e culto do – 14
   Guiomar, dona, e estudos do – 10
   Júlia, irmã, e culto do – 14
   Lauro e culto do – 14
   Luís Paulo e estudos do – 10
   Martinho e estudos do – 10
   Nícia, irmã, e culto do – 14
   Souza, irmão, e culto do – 14
   Venâncio e culto do – 14

Exame de fé
   companheiro em dificuldade e – 28
   maledicência, calúnia e – 28
   morte de um dos filhos e – 28
   negócio feliz, ouro e – 28
   perseguição, enfermidade e – 28

Fábula simples
   diamante, pedra preciosa e – 2

Fagundes, Macário, Espírito
   adoração da B*íblia e* – 8

Bíblia, preocupações e
   objetivos de – 8
Bíblia e estatística pessoal de – 8
obras edificantes e – 8

Fé
   alicerce de todo trabalho – 8
   Paulo de Tarso e exaltação da – 8

Ferreiro intransigente
   aprisionamento de – 3
   compaixão e – 3
   morte de – 3
   reconstrução de cárcere e – 3
   tolerância e – 3

Fílon de Atenas
   considerações sobre – 18, nota

Fraga, Anésio, Espírito
   agente espiritual e – 22
   apontamentos do plano
      espiritual e – 22
   procedimento irrepreensível
      no mundo e – 22

Francina, dona
   esposa de Apolinário Rezende,
      Espírito – 11
   mãe de Renato – 11

Freitas, Vicentino, Dr.
   adaptação à Doutrina Espírita e – 10
   Guiomar, esposa do – 10
   tarefas de João Rigueira
      em casa do – 10

Geley, Gustave, pesquisador
   espírita francês
   biografia de – 20, nota

Guiomar, dona
   esposa de Vicentino
      Freitas, Dr., e – 10
   estudos do Evangelho e – 10

Índice geral

Jarbas, filho de – 10
Jorge, filho de – 10

Hilel
doutor das Sete Regras e – 34

Hipona
considerações sobre – 16, nota

Homem
amparo dos anjos na Terra e – 5
anjo da caridade e – 5
anjo da enfermidade e – 5
anjo da esperança e – 5
anjo da fé e – 5
anjo da pureza e – 5
anjo da sabedoria e – 5
mediunidade e indiferença do – 1

Inamainável
significado do termo – 33, nota

Inda
significado do termo – 32, nota

Inimigo
tolerância às admoestações do – 4

Injúria
perdão, silêncio e – 4

Iza, Maria
copeira de Apolinário Rezende – 11
denúncia de * contra Apolinário Rezende – 11
Joaquim Curado, advogado, e – 11
Samuel, filho de – 11

Jerusalém
estabelecimento dos discípulos de Jesus em – 31

Jessé
funcionário do Templo de Jerusalém – 4

Jesus
brandura e servir mais e – 7
campanha da paz e – 31
caridade da língua e – 31
compreender e servir mais e – 7
conversa com os funcionários do Templo de Jerusalém e – 4
desunião entre os apóstolos de – 31
ensino da verdade e multiplicação do pão e – De início
humildade e servir mais e – 7
mais amor e servir mais e – 7
paciência e servir mais e – 7
perdão e servir mais e – 7
renúncia e servir mais e – 7
suposto fracasso de – 1

Joana
mulher de Cusa – 13
Simão Pedro e – 13

Jonas, o profeta
deserção, arrependimento e – 33
destruição da cidade de Nínive e – 33
impropérios contra Jesus e – 33
Novo Testamento e caso de – 8
Velho Testamento e – 33

Jonas
trabalho em benefício do próximo e – 20

Jonathan
funcionário do Templo de Jerusalém – 4

Jorge
caridade, reencarnação e – 39
desencarnação de – 39
educação do filho Mauricio e – 39
esposo de Silvéria Lima – 39

Julieta
Rezende e *, companheira

Índice geral

da juventude – 11
processo abortivo e – 11

Justiça divina
mendigo, rei e – 15
prova de humildade e – 15

Juventude eterna
motivo da suprema beleza da – 26

Laurindo
dinheiro, porta aberta à
demência e – 6

Leandro
trabalho em benefício do
próximo e – 20

Lei da reencarnação
Luís Vilas e – 35
talidomida e – 35, nota

Licurgo
assassinado por Quirino – 12
reencarnação de * como filho
de Quirino – 12

Lima, Silvéria, dona
álbum de fotos do filho e – 39
assassinato de – 39
Jorge, esposo de – 39
Maurício, filho de – 39

Livro
definições de – De início

Lizel
instrutor espiritual de
Secundino – 19

Lúcio, Alfredo
Augusto Ramos, Sr., e – 18
Centro Espírita Vicente
de Paulo e – 18
desencarnação de – 18

desenvolvimento mediúnico
e discordância de – 18
diário de – 18
Fílon de Atenas e – 18
Francisca de Souza, dona, e – 18
Guillon Ribeiro e – 18, nota
Ignácio Bittencourt e – 18, nota
Leopoldo Cirne e – 18, nota
livros assinados pelo Espírito
Fílon e – 18
mediunidade escrevente e – 18
mensagem de Amélia Hartley
Antunes Maciel e – 18
processo de desencarnação de – 18
profissão de fé e – 18
Retília, dona, médium, e – 18

Maciel, Amélia Hartley Antunes
biografia de – 18, nota
mensagem psicografada de – 18

Madaura
considerações sobre – 16, nota

Mal
não basta fugir ao – 22

Maledicência
perdão, única resposta – 4

Marilene
filha de Duarte Nunes – 32

Marques, Júlio, Espírito
Maria Paula, médium, e
incorporação de – 40
privações e provações de – 40

Martinho
conquista de diplomas e – 10
filho do casal Freitas – 10

Matoso, Laurindo
exaltação doutrinária e – 6

Índice geral

Osvaldo Moura, amigo de – 6
recebimento de herança e – 6

Maurício
　agressão a cozinheira e – 39
　assassino da própria mãe – 39
　expulsão de três colégios e – 39
　filho de Silvéria Lima – 39
　morte do cão do vizinho e – 39
　roubo de joias e – 39
　tese de suicídio da mãe e – 39
　uso de maconha e – 39

Médium
　conceito de – 37
　denominação de * espírita – 37
　fogueiras da Idade Média e – 37
　interpretação de * na vida
　　espiritual – 37
　Lutero, * reformista – 37
　Teresa d'Ávila, * católica – 37, nota
　terminologia antiga e moderna e – 37

Médium espírita
　adulações, medalhas e – 37
　alimentação e – 37
　apresentação social e – 37
　caridade e – 37
　casamento e – 37
　casta mediúnica e – 37
　honorários e – 37
　influências políticas ou
　　discriminações sociais e – 37
　lisonja, idolatria e – 37
　privilégios e – 37
　problemas do sexo e – 37
　profissão e vida social digna e – 37
　sentimentalismo superficial e – 37

Mediunidade
　Alfredo Lúcio e * escrevente – 18
　controle da * pela administração
　　terrestre – 1
　indiferença dos homens e – 1
　restrições, podas, enxertos e – 1

Mendigo
　justiça divina e – 15
　prova de humildade e – 15

Mendonça, Licínio, espírita
　bens materiais de – 36
　carta de * à sua mãe – 36
　crise de angina e – 36
　desencarnação de – 36
　fundação de instituição
　　beneficente e – 36

Milão
　considerações sobre – 16, nota

Montes, irmão
　dinheiro, recurso da vida – 6

Morigerado
　significado do termo – 37, nota

Murilo
　filho de Duarte Nunes – 32

Mutismo
　fervor da oração e – 9

Na vinha do Senhor
　Jarim, o bêbado sistemático, e – 27
　Joachaz, o malfeitor, e – 27
　Júnia, a flor do prazer, e – 27
　Simão Pedro e – 27

Nicésio
　benfeitor de João Rigueira – 10

Novo Testamento
　antigos profetas e – 8
　caso de Jonas e – 8
　presença do Cristo no – 8
　raciocínio, discernimento e – 8

Nunes, Duarte
　atropelamento do próprio
　　filho e – 32

Branca, dona, mãe de – 32
Elmo Bruno, amigo de – 32
grandes emoções, suas
    grandes fugas – 32
Marilene, filha de – 32
Murilo, filho de – 32

Oração
    inquirições de Adelino Saraiva em – 1
    mutismo e fervor da – 9
    perseguição e utilização da – 4
    Secundino e pedido de
        dinheiro em – 19

Ouro
    calamidades da Terra e – 6

Paciência
    exercício de – 2

Parreira, Germano, médium
    Bernardo, mentor espiritual, e – 25
    fé na imortalidade e – 25
    materialização na forma
        humana e – 25
    reencarnação do próprio filho e – 25

Patrimônio terrestre
    transitoriedade do – 5

Paula, Maria, médium
    incorporação de Júlio Marques,
        Espírito, e – 40

Paulo de Tarso
    exaltação da fé e – 8

Paulo, Luís
    conquista de diplomas e – 10
    filho do casal Freitas – 10

Pedro, Simão
    Amós e – 23
    Carpo, o romano, e – 13
    castigo de Joreb, o falsário
        infeliz, e – 23
    Herodes, o rei vil, e – 23
    Jarim, o bêbado sistemático, e – 27
    Jesus e desabafo de – 23, 27
    Joachaz, o malfeitor, e – 27
    Joachim ben Mad e – 23
    Joana, mulher de Cusa, e – 13
    Júnia, flor de prazer, e – 27
    morte de Tiago, o pregador, e – 23
    punição de Amenab e – 23
    reflexões de – 27
    Zaqueu e – 13
    Zebedeu e – 13
    Zobalan, o curtidor, e – 13

Pentecostes
    considerações sobre – 31, nota

Perdão
    calúnia, maledicência,
        perversidade e – 4
    esquecimento das ofensas e
        * incondicional – 4
    injúria, silêncio e – 4

Perseguição
    oração e – 4
    socorro espiritual e – 4

Perversidade
    perdão, única resposta – 4

Prece *ver* Oração

Primeira Guerra Mundial
    considerações sobre – 35, nota

Pureza de sentimentos
    trabalho de ajuda aos outros e – 9

Quirino, barqueiro
    assassino de Licurgo – 12
    reencarnação de Licurgo
        como filho de – 12
    remorso e – 12

Índice geral

Rei
 justiça divina e – 15
 prova de humildade e – 15

Reinaldo
 filho de Francina, dona – 11

Reino de Deus
 extensão do * no mundo – 4

Religião(ões)
 união das – 21

Renato
 caráter leviano de – 11
 filho de Francina, dona – 11

Retília, dona, médium
 Alfredo Lúcio e – 18

Rezende, Apolinário, Espírito
 denúncia de Maria Iza contra – 11
 gritos de Francina, esposa de – 11
 inconsciência na vida
  espiritual e – 11
 inventário de – 11
 Maria Iza, copeira, e – 11
 suposta infidelidade de – 11

Ribeiro, Guillon
 Alfredo Lúcio e – 18
 biografia de – 18, nota
 Federação Espírita Brasileira e – 18

Rigueira, João, Espírito
 desencarne de – 10
 encaminhamento de Rosalva
  à casa dos Freitas e – 10
 influência de * sobre sua
  filha Rosalva – 10
 mediunidade de Clélia, dona, e – 10
 Nicésio, benfeitor de – 10
 pajem vigilante dos filhinhos
  de Guiomar – 10

 promoção ao posto de
  irmão João – 10
 Rosalva, filha de – 10

Rogério
 amigo espiritual de Adelino
  Saraiva – 1

Rosalva
 despedida do orfanato e – 10
 encaminhamento de * à
  casa dos Freitas – 10
 influência de Rigueira sobre – *10*
 filha de João Rigueira – 10

Samuel
 trabalho em benefício do
  próximo e – 20

Santos, Cantídio dos
 amigo do Irmão X – 20

Saraiva, Adelino, médium
 inquirições de * em prece – 1
 Rogério, amigo espiritual de – 1
 sonho de – 1

Saúde orgânica
 preservação da – 9

Secundino
 demora na execução da missão e – 19
 felicidade do reequilíbrio e – 19
 Lizel, instrutor espiritual de – 19
 missão espiritual de – 19
 pedido de dinheiro em oração e – 19

Segredo da juventude
 ficha de Leocádia Silva e – 26
 ficha explicativa e – 26
 razão da inesperada
  metamorfose e – 26
 traços da velhice corpórea e – 26

Sete Regras
 Hilel, doutor das – 34

Índice geral

Simas, Filipe
 antigos bajuladores e – 17
 missão de impulsionar a
  Verdade e – 17
 requisições para festas e – 17
 vampiros e invasão do reduto
  familiar de – 17

Silverini
 culto do Evangelho e irmãos – 14

Solidão
 necessidade da – 9

Sonho
 protesto veemente de Adelino
  Saraiva em – 1

Tagasta
 considerações sobre – 16, nota

Talidomida
 Lei da reencarnação e – 35
 malformação congênita e – 35
 significado do termo – 35, nota

Teresa d'Ávila
 biografia de – 37, nota

Tête-à-tête
 significado da expressão – 20, nota

Tiago, o pregador
 Herodes e morte de – 23
 Simão Pedro e condenação de – 23

Través
 significado do termo – 32, nota

Universo
 estudo, meditação e problemas
  do – De início

Velhice
 continuidade dos traços
  da * corpórea – 26

Velho Testamento
 Macário e a letra do – 8

Venâncio, orientador espiritual
 culto do Evangelho e – 14
 despedida de – 14

Vida espiritual
 conceituação de médium na – 37

Violência
 paz, amor fraterno e – 4

Virtude
 cuidados na apresentação da – 9
 vacuidade da * vazia – 9

Volúpia da carne
 combate interior e – 9

Zaqueu
 Simão Pedro e – 13

Zebedeu
 Simão Pedro e – 13

Zobalan
 Simão Pedro e – 13

Zulma
 dinheiro e ajuda nos casos
  de família e – 6

FEB editora
Livro espírita para um novo mundo
www.febeditora.com.br
@febeditoraoficial
@febeditora

Conselho Editorial:
Carlos Roberto Campetti
Cirne Ferreira de Araújo
Evandro Noleto Bezerra
Geraldo Campetti Sobrinho – Coord. Editorial
Jorge Godinho Barreto Nery – Presidente
Maria de Lourdes Pereira de Oliveira
Miriam Lúcia Herrera Masotti Dusi

Produção Editorial:
Elizabete de Jesus Moreira

Revisão:
Denise Giusti
Renata Alvetti

Capa, projeto gráfico e diagramação:
Ingrid Saori Furuta

Foto de Capa:
JimSchemel | istockphoto.com

Normalização Técnica:
Biblioteca de Obras Raras e Documentos Patrimoniais do Livro

Esta edição foi impressa no sistema de Impressão pequenas tiragens, em formato fechado de 140x210 mm e com mancha de 104x168 mm. Os papéis utilizados foram o Off white 80g/m² para o miolo e o Cartão 250g/m² para a capa. O texto principal foi composto em fonte Adobe Garamond Pro 12/14,4 e os títulos em Adobe Garamond Pro 28/26. Impresso no Brasil. Presita en Brazilo.